本书为

· 教育部人文社会科学研究规划基金项目（项目批准号：23YJA630102）

· 国家社会科学基金后期资助项目 (23FJYB040)

· 2023 年度浙江大学管理学院后期资助项目

结项成果

Management
Insights
管理新视野

INTERNAL ECONOMIC EFFECTS
AND EXTERNAL MARKET EFFECTS OF
MANAGERIAL ABILITIES

管理者能力的
内部经济效应与
外部市场影响

肖炜麟　傅俊辉　著

厦门大学出版社　国家一级出版社
XIAMEN UNIVERSITY PRESS　全国百佳图书出版单位

图书在版编目（CIP）数据

管理者能力的内部经济效应与外部市场影响 / 肖炘麟，傅俊辉著. -- 厦门 ：厦门大学出版社，2024.9.（管理新视野）. -- ISBN 978-7-5615-9441-4

Ⅰ. F279.23 ；F832.51

中国国家版本馆 CIP 数据核字第 20244N9D74 号

责任编辑　许红兵
美术编辑　李嘉彬
技术编辑　朱　楷

出版发行　厦门大学出版社
社　　址　厦门市软件园二期望海路 39 号
邮政编码　361008
总　　机　0592-2181111　0592-2181406(传真)
营销中心　0592-2184458　0592-2181365
网　　址　http://www.xmupress.com
邮　　箱　xmup@xmupress.com
印　　刷　厦门市明亮彩印有限公司

开本　720 mm×1 000 mm　1/16
印张　14
插页　2
字数　240 千字
版次　2024 年 9 月第 1 版
印次　2024 年 9 月第 1 次印刷
定价　58.00 元

厦门大学出版社
微信二维码

厦门大学出版社
微博二维码

前　言 ....

　　2021 年 3 月我国发布的"十四五"规划纲要中明确提出,在全面建设社会主义现代化国家新征程中,"创新"居于首要位置;纲要还特别强调了企业家主动施展创新创业和冒险精神的重要意义。企业管理层是创新战略的决策者,其自身能力不仅影响公司的创新、过度投资[①]和企业战略风险承担水平等内部经营管理活动,还会影响外部股价的波动和活跃性。因此,管理者能力是价值创造的源泉,也是促进企业成长最为重要的能力之一。

　　由于管理者能力度量困难,早期有关管理者能力的研究极为有限,在很长一段时间里管理者能力几乎成了被遗忘的资源。直到 2012 年 Demerjian 等人提出能力的新度量方法,管理者能力相关研究才再次进入人们的视线。之后管理者能力的度量逐渐形成两种测量方法:一种

---

　　①　过度投资是指接受对公司价值而言并非最优的投资机会,尤其是净现值小于零的项目,从而降低资金配置效率的一种低效率投资决策行为。本书所关注的是管理者能力与企业投资适度性之间的关系,尤其是管理者能力对企业是否会产生过度投资的问题。为了简洁起见,我们在下文中简略为管理者能力对过度投资的影响。这样的表述可以参见以下文献:姜付秀,伊志宏,苏飞,等,2009.管理者背景特征与企业过度投资行为[J].管理世界 (1):130-139;章细贞,张欣,2014.管理者过度自信、公司治理与企业过度投资[J].中南大学学报 (社会科学版),20(1):15-22.

是基于能力特征,运用一系列代理变量进行测量;另一种是基于生产效率理论,运用包络分析法计算企业效率,借以评估管理者能力。目前,关于管理者能力的研究主要集中在管理者能力的经济后果方面,包括管理者能力的内部经济效应和外部市场影响。本书在综合国内外现有管理者能力研究的基础上,结合我们近年来对管理者能力研究的见解,主要从企业创新、过度投资、股价同步性和风险承担这四个维度,开展管理者能力的内部经济效应和外部市场影响研究。

经过多年观察,我们发现这样一种现象:从国有企业到民营企业,凡是能坚持管理者能力内部经济效应和外部市场影响统一的,就能一路高歌,不断地发展壮大;凡是管理者能力内部经济效应与外部市场影响失衡的,迟早会走向衰败。看来不重视管理者能力的内部经济效应不行,但不重视管理者能力的外部市场影响也不行,内部经济效应与外部市场影响统一是企业生存发展中的一个永恒主题。因此在企业管理中既要重视管理者能力的内部经济效应,又要重视管理者能力的外部市场影响,实现内部经济效应与外部市场影响的统一,这是我们写作本书的首要目的。我们写作本书的第二个目的,是想就此向企业界和学术界的朋友们请教,以文会友、相互交流,探索出一条真正既有理论价值又有现实意义的管理者能力促进企业发展的新思路。

当然,本书只是一种初步探索,书中难免存在不足和疏漏之处,望各位专家和读者不吝赐教。本书涉及公司金融学的多个领域,由于我们的能力、精力及资料有限,且缺乏交流的平台,因此只能以纲要的形式展开。本书也许还说不上是一朵小花,但若能引得万花开,引起企业界、学术界的关注与讨论,从而共同为我国企业的持续发展和公司金融学科建设做出一点力所能及的贡献，我们将欣慰万分。

本书具有较强的理论价值和实践意义，对学界具有一定的借鉴意义，对硕士研究生和博士研究生具有较强的学习互动价值，对管理者的实践具有较强的参考价值，可供公司金融、财务管理等相关专业学生和教师，企业界管理人士及对公司治理感兴趣的读者参考使用。本书的出版，要感谢浙江财经大学盈阳金融科技学院、浙江财经大学金融学院和浙江大学管理学院的大力支持。

作者

2024 年 5 月

目　录

1　管理者能力的内部经济效应和外部市场影响研究缘起

1.1　研究背景和研究意义

1.1.1　研究背景

新古典经济学的理性观点认为管理者是同质化的、可以替换的。因此,两家技术与市场条件类似的企业必然会采用类似的经营管理策略,而不需要考虑管理者的影响。虽然标准代理模型认为管理层在公司经营决策中拥有自己的决策力和影响力,但是这些模型并未发现管理者的异质性会导致公司行为的差异,而是将公司行为的差异归结于公司治理水平的差异,着重研究不同公司治理水平下的公司行为。而实际中,管理者能力不仅会影响公司的经营决策等内部经济活动,而且还会影响公司在资本市场上的表现。

(1)管理者作为企业长期战略的执行者,其能力直接关系着企业创新活动的正常开展及效率。我国经济发展进入新常态,经济发展方式的转变更加依靠科技进步与技术创新,而企业作为社会创新活动的主体,是这种发展方式转变的关键。在创新活动的投入方面,2023年全国研发经费支出达 33278 亿元,比上年增长 8.1%。① 然而,对于企业而言,创新活动是一项高风险、高投入而回报却存在较高不确定性的企业长期战略。管理者的能力越强,越会注重企业的有效研发投入来提高企业创新效率,而不是随意地投入大量研发费用,从而使得企业资源得以合理分配。但也应注意到,管理者的能力越强,个人往往越发自信,在进行创新决策时越可能忽视风险,加大企业创新投入,从而加大创新活动的失败概率。

(2)高能力的管理者能够对企业的资源进行合理的配置,避免过度投资。近年来,我国上市公司的非效率投资问题严重,这给公司带来了巨大的损失,并阻碍公司长远的发展。公司高管作为企业的关键资源,决定着企业投资的规模、方向及方案的选择,因此其能力的高低无疑会影响企业的投资效率。高能力的管理者能够更好地理解行业趋势,更准确地预测产品的未来需求,并投资于更多能够创造正价值的项目,从而会大大抑制企业过度投资的行为。

(3)高能力的管理者会基于个人能力进行产品生产、资产购置、兼并收购、项目投资、资产重组等决策活动,从而为企业创造价值,实现股东价值最大化的目标。因此,公司高管很容易受到资本市场上投资者的关注。比如,2016 年 5 月 13 日,李嘉诚因肠胃炎缺席长和集团在香港召开的股东大会,结果在香港资本市场引起不小的波澜,李嘉诚旗下的长实地产、长和集团等的市场价值缩水一度超过 400 亿港元。再比如,2016 年 6 月 29 日,万科集团大股东宝能提请罢免万科董事会主席王石,万科股价自 7 月 4 日复牌后连续两个跌停板。这些因为管理者原因而造成资本市场巨大波动的事件,充分体现了管理者对于企业的重要性以及管理者能力对企业价值的长期影响。管理者能力作为公司管理

---

① 中华人民共和国 2023 年国民经济和社会发展统计公报[R/OL].(2024-02-29)[2024-03-02]. https://www.stats.gov.cn/sj/zxfb/202402/t20240228_1947915.html.

层的重要特质之一,不仅影响公司的经营决策,还会影响到股价的波动。

（4）管理者的能力越强,越能够发布及时和准确的业绩信息,越有助于外部投资者根据这些信息进行交易,从而活跃股票市场,提高股价的流动性。由于资本市场中存在信息不对称的问题,投资者很难直接评估管理者的能力,只能通过公司的绩效和股价表现等因素来判断管理者的能力(Trueman,1986)。因此,管理者可能会主动向资本市场传递业绩信息,以彰显管理者优秀的管理水平;而且,管理者能力越强,越倾向于发布更及时和准确的业绩信息(Clement et al.,2003;Baik et al.,2011),这些信息降低了外部投资者的信息搜索和处理成本,更有助于外部投资者进行交易,活跃股票市场。

综上可见,管理者能力作为公司管理层的重要特质之一,不仅影响公司的创新、过度投资和企业战略风险承担水平等内部经营管理活动,还会影响外部股价的波动和活跃性。

1.1.2 研究意义

如今在国有企业转型、民营资本兴起的大环境下,管理者同质化的假设将不复存在,管理者的能动性被充分调动起来,管理者的能力也逐渐被挖掘出来。基于上述的背景,本书拟从管理者的异质性出发,研究管理者能力的内部经济效应和外部市场影响。这一研究具有重要的理论意义和应用价值。

（1）理论意义

本书将从委托代理理论、信号传递理论、公司治理理论等出发,分析管理者能力的内部经济效应和外部市场影响,从而在一定程度上丰富关于管理者能力的经济后果的研究成果。

第一,本书将研究管理者能力对企业创新的影响,并深入分析公司治理的调节作用以及信息透明度的中介机制,为企业更好激励和监督管理者进行创新活动提供理论支持。

第二,本书将研究管理者的能力高低对企业过度投资会产生怎样的影响,并进一步探究管理者能力对过度投资的影响机制,为企业更高效地投资和创造价值提供理论支持。

第三,本书将细化股价同步性的影响因素的研究,深入分析股权激励和机构投资者的作用以及成长性的中介机制,从而为股票市场如何提高信息含量提供理论支持。

第四,本书将分析管理者能力对企业战略风险承担的影响及作用机制,从而完善管理者特征与企业战略风险承担领域的理论框架。

（2）应用价值

本书将采用 A 股上市公司的数据,分别对上述的经济效应和外部市场影响进行实证检验,这些检验结果具有重要的应用价值。

第一,高管理能力有助于提高创新效率,降低创新投入,并且这些效应在良好的公司治理结构下更显著,这为企业提高创新效率提供了新思路。

第二,高能力管理者更能够通过增加投资机会以抑制过度投资,而股权激励、董事会规模、机构投资者等具有显著的调节作用,这为企业抑制过度投资提供了激励手段和监督渠道。

第三,高管理能力有助于降低股价同步性,且这种降低效应在有股权期权激励的公司、机构投资者持股比例高的公司和民营企业中更为显著。这些结果,一方面有助于投资者更好地理解我国资本市场存在的"同涨同跌"现象,另一方面也为我国证券监管部门提高资本市场效率提供了解决路径。

第四,高能力管理者倾向于采取防御型战略,但在经济政策不确定时期会积极承担风险,同时完善的公司内外部治理机制会抑制管理者采取过度偏离股东合意战略的风险水平,这为全面提高管理者的战略风险承担能力提供了新思路。

1.2 管理者能力研究现状

2012 年,Demerjian 等提出了度量管理者能力的新方法,使得管理者能力的相关研究再次进入人们的视线。目前,关于管理者能力的研究主要集中在管理者能力的经济后果方面,包括管理者能力的内部经济效应和外部市场影响。

1.2.1 管理者能力的内部经济效应研究

(1)管理者能力与企业盈余质量的关系

Demerjian 等(2013)在提出采用 DEA-Tobit 模型构建管理者能力后,实证检验了管理者能力与企业盈余质量的关系,发现管理者能力越强,企业经营绩效越高,盈余质量越好,这是因为能力强的管理者会更多地将可靠的前瞻性估计归纳到企业披露的信息当中。之后,Demerjian 等(2020)进一步分析了不同能力的管理者对盈余平滑所起的作用,结论表明:有能力的管理者参与故意盈余平滑的概率较高,特别是当该行为有利于股东时,其实施的可能性更大;而管理者实施故意平滑与企业未来业绩下滑并无相关性。张敦力等(2015)从公布业绩预告的可能性与准确度视角研究了管理者能力的影响,发现能力强的管理者注重向资本市场传达业绩信息以彰显其管理能力,并且业绩预告的准确度也更高。

综上可见,学者对于管理者能力与盈余管理之间关系的结论较为一致,即认为有能力的管理者更了解企业内部情况和外部发展环境,对企业的各类应计项目的把控能力也更强,因此管理者能力与企业盈余质量正相关。

(2)管理者能力与企业风险承担水平的关系

Boholm(1998)和 Culver 等(2001)的研究表明,受过良好教育和智力水平较高的人在做决策时会更谨慎。企业创新是企业承担风险的一种重要形式,Chen 等(2015)发现管理者能力与企业创新活动正相关。但是,Chen 等的研究仅仅集中于几个行业,因此其关于管理者能力对企业风险承担活动的影响的研究是有局限性的。在 Chen 等研究的基础上,Kenneth 等(2018)通过创新以外的代理指标来衡量企业风险偏好,发现能力强的管理者比能力低的管理者更乐于承担风险,且高能力管理者会增加公司的价值。Andreou 等(2016)研究探讨了管理能力对银行流动性创造以及风险承担行为的影响,发现高能力的管理者创造更多的流动性,愿意承担更多的风险。然而在金融危机时期,高能力的银行经理减少了流动性的创造,以此来保证资产负债表的平衡。但是,国内的部分学者也提出了不同的意见。何威风等(2016)从委托代理理论出发,发现管理者基于私利考虑在投资决策中会回避风险,且能力越高的管理者,越有可能在企业回避风险投资中使自己受益,因而他们认为管理者能力与企业风险承担负相关。

(3)管理者能力与企业投资活动的关系

管理者能力在企业投资中扮演着重要的角色。Baker 等(2010)发现管理者能力对于企业投资活动和企业选择具有重要的作用。Chemmanur 和 Paeglis(2005)通过研究表明,优秀的管理者更有能力识别高 NPV(净现值)的项目。因为他们对行业的趋势和企业所面临的环境有更好的了解,能更准确地预测产品需求(Bonsall et al.,2017;Demerjian et al.,2012;Koester et al.,2017),因此企业的投资规模也会更大。Lin 等(2011)认为首席执行官(chief executive officer,CEO)的专业背景、受教育程度等因素对企业研发投入产出具有显著影响。能力强的管理者能够有效整合企业的内外部资源,利用可靠的交易方式来促进企业的长期发展。张敦力和江新峰(2015)基于企业投资的跟投现象,研究了管理者能力与企业羊群投资的关系,发现管理者能力高的企业不会盲目进行羊群投资,而是会追求超越同行业的超额报酬。潘前进和王君彩(2015)基于投资现金流敏感性的视角研究了管理者能力对于投资效率的影响,发现高能力管理者不仅能有效减缓企业投资与内部现金流的敏感性,还能减轻内部代理冲突。综上所述,高能力的管理者能够扩大企业的投资规模,提高投资的效率。

(4)管理者能力与企业业绩的关系

Mishra(2014)发现管理者能力对企业隐含的权益资本成本会产生积极的影响,这说明当管理者具有较高的资本组织、企业并购、从事复杂业务操作、解决代理问题等能力时,企业的预期收益会显著增加。张铁铸和沙曼(2014)从管理者能力与在职权力出发,研究发现管理者能力越强,越少通过在职消费谋取私利,且民营上市公司中,管理者能力越强,越能约束自己的行为。陈德球和步丹璐(2015)同样从这两个角度出发,研究发现若管理者薪酬的差距是其权力导致的,则会对企业业绩产生消极影响;若管理者薪酬的差距是其能力导致的,则会对企业业绩产生积极影响。何威风和刘巍(2015)研究发现,在国有企业、面临较低市场竞争和较低风险的企业,管理者能力与审计收费显著负相关。

Lee 等(2018)对 1988—2015 年美国工业公司的研究表明:在财务约束较小或者财务状况良好的公司中,管理者能力高的经理人能把握更好的投资机会,以获取更高的企业经营利润。从这些研究中可以发现,管理者能力越高,越能对企业业绩产生积极的影响。

此外,管理者能力对企业的影响还包括对企业税收政策(Francis et al.,2013)、企业并购(肖明、李海涛,2017)、资本结构(Matemilola et al.,2015)的影响等方面。总体而言,管理者能力高低以及能力的发挥对于企业的发展是至关重要的。

1.2.2 管理者能力的外部市场影响

(1)管理者能力对企业信用评级的影响

信用评估包括特许经营、财务报表分析、管理质量三大关键因素,其中管理质量就是针对管理者所进行的定性评估(Policy,2002)。因此,管理者能力会影响企业的信用评级。Ganguin 和 Bilardello(2004)发现,管理者的战略能力、决策能力和执行能力都是影响企业信用评级的重要因素。Cornaggia 等(2015)进一步发现,当企业面临财务困境或竞争压力时,管理者能力是重要的考察因素,因为能力较强的管理者能够减少负收益、低利率覆盖等其他信用风险因素对企业信用评级的不利影响,成为企业经济效益的保障。何威风和刘巍(2018)发现,管理者能力影响企业商业信用的使用,管理者能力越强,企业商业信用越多。从以上研究可以发现,管理者能力对企业信用有着至关重要的影响。

(2)管理者能力对企业资本市场表现的影响

Hayes 和 Schaefer(1999)发现,当有能力的管理者选择跳槽时,原公司宣布其离职消息会使公司的股票价格下跌,这表明能力较强的管理者会对企业股价的稳定性产生积极的影响。Baik 等(2011)通过研究发现,与能力低下的 CEO 相比,高能力 CEO 的公司可以发出更准确的盈利预测,而且资本市场对高能力 CEO 发布的信息反应更大。Harford 和 Schonlau(2013)的研究表明,在并购中,当收购方 CEO 具有目标行业交易经验时,行业专家 CEO 的异常收益会比那些没有这种经验的人回报更高。他们还发现,这种现象是由行业专家的讨价还价能力造成的。在此基础上,Koester 等(2017)发现,管理者能力较强的公司比管理者能力较低的公司进行更有利可图的收购,因为更有能力的管理者对行业的趋势和面临的环境有更好的了解,能够更准确地预测产品的需求,并在 NPV>0 的项目上投入更多。

1.2.3 现有管理者能力影响研究的不足

(1)现有关于管理者能力内部经济效应的研究,主要集中在盈余质量、投资效率和公司绩效等方面,较少关注管理者能力对创新、过度投资和风险承担的影响。而实际中,一方面,管理者作为企业长期战略的执行者,其能力直接关系着企业创新活动的正常开展及效率;另一方面,高能力的管理者能够更好地理解行业趋势,更准确地预测产品的需求,并投资于更多能创造价值的项目,从而会大大抑制企业过度投资的行为。此外,管理者能力更强的公司在选择投资决策时,往往采取更为保守的战略。

(2)现有关于管理者能力对外部市场影响的研究,主要集中在公司的信用评级以及并购所引发的公司股票收益方面,并未关注管理者能力对股价同步性和流动性的影响。而实际中,管理者能力可以通过影响企业的经营管理决策,从而对公司在资本市场上的表现产生影响,比如影响股价的波动性和活跃程度。

1.3 本书内容框架

基于现有研究的不足,本书主要从企业创新、过度投资、股价同步性和风险承担四个角度,来展开管理者能力的内部经济效应和外部市场影响研究。

1.3.1 管理者能力对企业创新的影响——公司治理效应及作用机制

本书基于委托代理理论,从管理者的风险偏好以及风险规避角度,分析管理者能力对创新投入的影响;从管理者能力越强越注重效率以及管理者代理问题出发,分析管理者能力对企业创新效率的影响。在此基础上,以沪深两市所有上市公司为研究对象,采用 DEA-Tobit 模型计算管理者能力,以研发费用占营业收入的比重、研发费用占总资产的比重来衡量创新投入,并控制公司规模、年龄和资产负债率等变量,构建 Tobit 回归模型,实证检验管理者能力对创新投入的影响。采用超效率 DEA 模型计算企业创新效率,构建 Tobit 回归模型,实证检验管理者能力对创新效率的影响。

(1)管理者能力对企业创新的影响:公司治理效应研究

本书首先从理论上分析在不同的公司内部治理结构与外部治理结构下,管理者能力对企业创新投入和效率产生的影响。然后,将样本按照公司内部治理水平高低,分组检验公司内部治理水平的调节作用;按照市场集中度与基金持股比例大小分组,检验公司外部治理水平的调节作用;将样本按照产权性质分为国有企业和非国有企业两个组别,检验产权性质对管理者能力与企业创新之间关系的调节作用;将样本按照行业性质分为高新技术企业和非高新技术企业两个组别,检验行业性质的调节作用。

(2)管理者能力影响企业创新的影响机制研究

本书基于信息透明度的视角,从理论上分析管理者能力影响创新的中介机制。然后,采用前三期的可操纵性总应计利润的绝对值加总得出企业的信息透明度,并按照其中位数,将样本分为信息透明度高组和信息透明度低组,分别对两组进行回归检验,检验管理者能力对于企业创新的影响,并进行组间差异检验,以验证信息透明度能否作为管理者能力影响企业创新的中介机制。

(3)管理者能力对企业创新影响的稳健性检验

本书采用人均研发支出强度、对数化后的研发支出占企业总资产的比重等衡量创新投入,采用专利申请数量与当年以及前一年研发支出之和的比值、专利申请数量与当年以及前两年研发支出之和的比值等来刻画创新效率,并选用 LSDV 法、固定效应模型、随机效应模型,重新检验管理者能力对创新投入和创新效率的影响。

1.3.2 管理者能力对过度投资的影响——调节效应和作用机制

本书首先从委托代理和管理者异质性特征的角度,分析管理者能力对过度投资的抑制作用。在此基础上,使用 DEA-Tobit 两阶段模型度量管理者能力,采用 Richardson 的预期投资模型来度量我国上市公司的过度投资,并控制自由现金流、总资产收益率、管理费用率、大股东占款、高管薪酬、少数股权占比、年份效应和行业效应等变量,实证检验管理者能力对企业过度投资的影响。

(1)影响管理者能力与过度投资之间关系的调节效应研究

本书从理论上分析股权激励和董事会规模等内部激励以及机构投资者等外部监督对管理者能力与过度投资之间关系的调节效应。然后,分别按照董事会规模大小、管理层是否具有期权或股权激励、机构投资者持股比例高低、公司信息透明度高低等将全样本进行分组,重新检验管理者能力对企业过度投资的影响,并观察管理者能力的系数在分组中是否具有显著差异,若存在,则该因素是管理者能力对企业过度投资影响的一种调节效应。为了使分组后两组的管理者能力系数具有可比性,本书利用基于似无相关模型 SUR 和费舍尔组合检验比较分组后两组管理者能力的系数差异。

(2)管理者能力对过度投资的中介机制研究

本书从投资机会的角度出发,分析管理者能力影响企业过度投资的作用机制。然后,借鉴 Peters 和 Taylor(2017)提出的方法,采用改进的托宾 Q 作为投资机会的代理变量,参考温忠麟等(2004)提出的中介效应检验方法,分别检验管理者能力对过度投资的影响、管理者能力对投资机会的影响以及投资机会对过度投资的影响,进而验证管理者能力是否通过增加投资机会来抑制过度投资。

(3)管理者能力对过度投资影响的稳健性检验

为了保证结论的可靠性,本书采用三种方法进行稳健性检验。第一,采用销售收入增长率代替托宾 Q 作为衡量企业成长机会的代理变量,重新代入模型估计企业的过度投资程度,并重新检验假设。第二,改变回归的方法,根据估计出的过度投资程度是否大于 0,首先将所有的数据分为两类,若大于 0,则将其定义为过度投资,取值为 1,否则取值为 0;然后,利用 Logit 回归模型对假设进行检验。第三,采用市值账面比率 MB 等作为投资机会的代理变量,重新对投资机制进行检验。

1.3.3 管理者能力对股价同步性的影响效应及作用机制

本书首先从信息披露的角度出发,分析管理者能力对股价同步性的影响。在此基础上,将个股的周特定收益率与同期行业和大盘周收益率进行回归,用各个方程估计得到的 R^2 对数化处理后的指标来作为股价同步性的代理指标。然后,基于 A 股市场的所有公司数据,利用固定效应回归方法,探究管理者能力与股价同步性之间的关系,并对两者的关系做出理论上的解释。

(1)管理者能力对股价同步性影响的调节效应研究

本书先从理论上分析股权期权激励、机构投资者持股比例以及公司产权性质等变量对管理者能力与股价同步性之间关系的调节效应。然后,按照是否存在股权期权激励(内部激励)、机构投资者持股比例大小(外部监督)分别进行分组,研究在不同组别中管理者能力对股价同步性的不同影响。最后,进一步以产权性质(国有企业与民营企业)进行分组,探讨管理者能力对股价同步性的影响。

(2)管理者能力对股价同步性影响的中介机制研究

本书从公司投资机会和成长性的角度,分析管理者能力对股价同步性影响的中介机制。在此基础上,使用分步系数检验及 Sobel 中介效应检验的方法来研究管理者能力是否通过影响企业投资机会(成长性)来影响股价同步性,包括管理者能力对股价同步性的影响、管理者能力对于公司投资机会的影响以及投资机会对股价同步性的影响等。

（3）管理者能力对股价同步性影响的稳健性检验

为了解决实证中潜在的问题可能对本书结论的干扰，本书使用以下两种方式来检验管理者能力与股价同步性关系的稳健性。一是考虑更换股价同步性的度量方式，用固定效应回归方法，重新研究管理者能力与股价同步性之间的关系。二是为了同时控制公司年度效应和行业效应，采用 LSDV 法研究管理者能力对股价同步性的影响，并进一步重新检验相关关系的调节效应和中介机制。

1.3.4 管理者能力对企业战略风险承担水平的影响效应及作用机制

本书首先基于管理者特征理论（Bertrand and Schoar，2003）和高阶梯队理论，从理论上分析管理者能力如何影响企业战略风险承担水平。在此基础上，选取了公司内部治理机制、公司外部治理机制和经济政策不确定性指数等三个调节变量，基于 A 股市场上市公司的数据，验证管理者能力与企业战略风险承担水平之间的关系。

（1）管理者能力对企业战略风险承担水平的影响

本书从理论上分析公司内外部治理机制和经济政策不确定性指数等变量对管理者能力与企业战略风险承担水平之间关系的调节效应。然后，根据各个假设构建不同的模型，分别进行回归，并分析在不同调节变量下管理者能力对企业战略风险承担水平的不同影响。

（2）管理者能力对企业战略风险承担水平影响的中介机制研究

本书从战略激进度的角度，分析管理者能力对企业战略风险承担水平影响的中介机制。在此基础上，借鉴 Bentley 等（2013）对战略激进度进行量化的方法来研究管理者能力是否通过影响战略激进度来影响企业战略风险承担水平。

（3）管理者能力对企业战略风险承担水平影响的稳健性检验

为了证明主要结论并不会因为关键变量的度量方式不同而产生变化，本书使用了以下两种方式来检验管理者能力与企业战略风险承担水平关系的稳健性。首先，将管理者能力九等分，由低到高序量化赋值后生成管理者能力的离散替代变量（Marank）检验管理者能力和企业战略风险承担水平之间的关系；其次，将衡量战略风险承担的因变量由研发投入占营业收入的比值替换为资本强度指标（Stcap）和基于因子分析对研发投入、资本支出和长期负债降准后得到的综合指标（Stf），再次进行上文的检验步骤。

1.4　本书研究思路和研究方法

1.4.1　研究思路

本书的研究以管理者能力的内部经济效应和外部市场影响为目标，采用理论分析论证、上市公司数据搜集、实证模型构建与分析等方法，分别研究管理者能力对创新活动、过度投资、股价同步性和风险承担的影响效应和机制。具体的研究思路如图 1-1 所示。

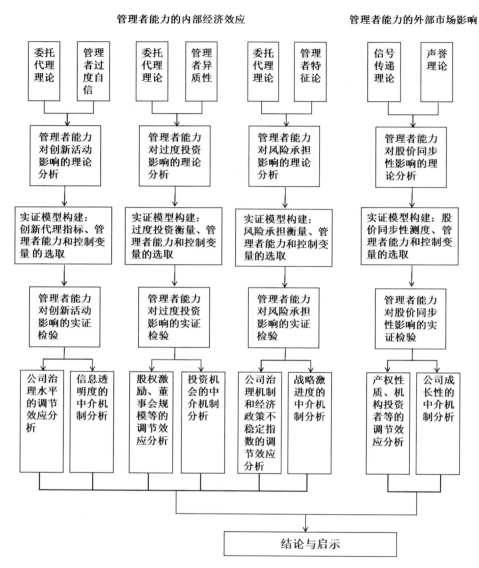

图 1-1　本书的研究思路图

1.4.2 研究方法

本书采用的研究方法如下：

第一，DEA 模型。本书中使用的管理者能力是采用 DEA 分行业计算单个企业的效率值，再用 Tobit 模型分行业分年度将管理者能力从企业全效率中分离出来的。同时，创新效率的指标是以研发费用占营业收入的比重、研发费用占总资产的比重来衡量创新投入，使用超效率 DEA 模型来计算的。

第二，主成分分析法。本书从持股结构与股东权益、管理层治理以及董事、监事治理形式三方面出发，共选取股权制衡度、流通股比例、高管持股比例、董事会持股比例、股东会召开次数、两职合一设置情况、高管薪酬、董事会结构、董事会规模、董事会召开次数、监事会规模、监事会召开次数等 12 个内部治理结构指标，通过主成分分析法构造企业内部治理结构指数，以反映公司治理水平。

第三，面板数据估计方法。本书中，管理者能力对企业创新、过度投资、股价同步性等影响的实证检验、调节效应的分析以及过度投资指标的估计，均采用了面板估计方法，包括 Tobit 模型、固定效应模型、LSDV 方法等。

第四，分步系数检验及 Sobel 中介效应检验。本书中，投资机会作为管理者能力抑制过度投资的中介机制、公司成长性作为管理者能力降低股价同步性的中介机制，均采用了分步系数检验法及 Sobel 中介效应检验法。

1.5　本书创新之处

本书在现有成果的基础上,对管理者能力的内部经济效应和外部市场影响进行了系统的研究,主要的创新之处如下。

第一,从公司治理的角度出发,研究管理者能力对公司创新的影响效应及机制。目前学界对于管理者能力对企业创新的影响,其研究较少。为此,本书以创新投入为切入点,研究管理者能力对企业创新活动的影响;同时,研究在不同的公司治理水平和外部投资者监督情况下,管理者能力对企业创新的影响是否会有所区别;此外,本书还研究了管理者能力影响企业创新的机制。

第二,拓展了管理者能力对过度投资的影响效应及机制的研究。现有的研究主要集中于对企业投资效率的影响方面,而本书细化了相关的研究,将过度投资从投资非效率(分为投资不足与过度投资)中分离出来重点研究,具体探讨了管理者能力对过度投资的影响,并进一步从董事会规模、管理者是否具有期权或股权激励、机构投资者持股比例以及公司信息透明度这四个调节效应研究两者关系中存在的影响因素;此外,还研究了投资机会作为管理者能力抑制企业过度投资行为的中介机制。

第三,拓展了管理者能力对股价同步性的影响效应及作用的研究。现有关于股价同步性的研究,对管理者能力关注不足。故本书从这一角度出发,研究管理者能力与股价同步性之间的关系,深入分析内部激励与投资者外部监督对管理者能力与股价同步性关系的调节作用;同时,还分析了管理者能力影响股价同步性的中介机制及调节机制。这些研究,拓展了股价同步性的文献,有助于投资者更好地理解我国资本市场上存在的"同涨同跌"现象。

第四,探讨了管理者能力对企业战略风险承担水平的影响效应及作用机制。以往的文献集中从组织伦理氛围、IT 部门决策权、企业绩效反馈机制等企业层面,以及名人称号、出生顺序、谨慎程度等管理者层面考察企业战略风险承担的影响因素。根据高阶梯队理论,管理者能力也是管理层特质的一种具体表现,也可能直接对企业战略风险承担水平产生重大影响。本书从这一角度出发,探讨管理者能力对企业战略风险承担水平的影响,分别分析公司内外部治理机制、战略激进度和经济政策不稳定指数对管理者能力与企业战略风险承担水平之间关系的调节作用。

2 管理者能力的影响因素和测量方法

管理者能够基于个人能力进行产品生产、资产购置、兼并收购和项目投资等决策活动,并合理配置资源,从而为企业创造价值,实现股东价值最大化的目标。因此,管理者是企业创造价值的源泉。本章将从管理者异质性出发,介绍影响管理者能力的影响因素和测量方法。

2.1 管理者能力的影响因素

管理者能力是指管理者理解行业未来趋势和发展,准确评估企业未来机会,进而给公司带来绩效的能力(Bertrand and Schoar,2003;Demerjian et al.,2012)。一般来说,能力较强的管理者,具有优秀的信息搜集和处理能力(Nuthall,2001),能够及时发现新的投资机会,并且能够基于新的投资机会,有效分配企业现有的资源,进而实现低投入、高产出。管理者能力的高低与个人行为属性密切相关,比如管理者的心理因素(如商业知识的认知)、背景特征(如年龄、受教育程度和财务状况)(Hambrick and Mason,1984)等。

　　管理者的认知是影响其能力提升的重要因素。张军和许庆瑞（2018）从管理者认知的视角出发，对管理者的认知与创新能力提升之间的关系进行了实证研究，结果发现，管理者对企业内部资源的认知情况与对外部环境特征的认知情况，分别对创新能力的提升具有显著的影响。他们认为，资源不是能力，但是资源是能力构建的基础，尤其是管理者脑海中对资源的认知是推动创新能力构建与发展的基础。

　　另外，管理者的教育背景和经历，同样也能够影响管理者的能力，提高管理效率的先决条件之一就是获得某种程度的教育。教育是一个重要的工具，当更好的教育和经验结合在一起时，就很可能获得更好的管理技能，从而使得公司在最艰难的时候依然能够安然度过（Saidu，2019）。CEO 的教育背景在许多公司的决策中都发挥着重要的作用（Malmendier and Tate，2008）。Koyuncu 等（2010）研究了 CEO 的教育背景对公司绩效的影响，发现具有运营相关学科（如工程学）教育背景的 CEO 管理的公司，比由其他教育背景的 CEO 领导的公司业绩更好。此外，他们的研究结果还显示，业绩较差的公司更有可能聘用具有运营背景的 CEO，而不是有营销、金融、法律或者会计背景的 CEO。Daellenbach 等（2010）认为，若企业的核心竞争战略是产品开发创新，那么企业就需要集中精力选择具有运营和技术经验方面的高层管理人员。Darmadi（2013）也发现，拥有名牌大学学位的 CEO 的表现明显好于没有这些条件的 CEO。Saidu（2019）通过实证探讨了管理者的教育背景和出身对公司绩效的影响，发现管理者的教育背景提高了公司的盈利能力，且当 CEO 在被任命之前具有其他公司的管理经验时，股价的表现会得到改善。

2.2 管理者能力的测量方法

由于管理者能力很难直接进行观测,现有的文献主要是采用间接的内部指标和外部影响来测量管理者能力。内部指标方法主要是通过管理者报酬或相关公司财务指标来衡量。外部影响主要是通过管理者的外部声誉和公司股票的异常收益来衡量。

2.2.1 基于内部指标的管理者能力衡量方法

(1)基于财务指标

在度量管理者能力时,许多学者在早期基于生产效率理论,采用数据包络分析法(DEA),以通过最少的资源投入达到最高水平的输出为目标,计算投入产出比来评估管理者能力(Murthi et al.,1996;Barr and Siems,1997;Leverty and Grace,2012;等等)。但这些学者多是衡量单一行业中的管理者能力,且采用传统的 DEA 方法。关于如何衡量管理者能力,学界一直存在较大争议,直到 Demerjian 等(2012)提出使用DEA-Tobit 模型来衡量管理者能力,才使得管理者能力的衡量有了较为客观的方法,之后这一方法被广泛地用于国内外的研究之中(Joonho et al.,2016;Samuel et al.,2016;何威风、刘巍,2015;张敦力、江新峰,2015;段文奇、宣晓,2018)。本书参考 Demerjian 等(2012)的思想,采用两步 DEA 方法来衡量管理者能力。该方法首先使用两步 DEA 方法来计算企业的经营效率;然后,假设该经营效率仅受到企业层面和管理层两方面的影响,通过建立模型,将企业层面的影响因素从企业经营效率中剔除,剩余的残差部分即为管理者能力的代理指标。该方法通过简单直接地衡量企业经营效率,并分离出管理者能力影响的部分,从而解决现存的管理者能力衡量难题。具体的步骤如下。

首先,计算公司经营效率。基于最小投入最大产出的思想,以样本公司营业收入(Sales)作为唯一的产出指标,并以固定资产净值(PPE)、净经营租赁费用(NOL)、净研发费用(R&D)、合并报表商誉(GW)、无形资产净值(OI)、销售费用与管理费用之和(SG&A)、主营业务成本(CGS)为投入指标,采用数据包络分析法分行业计算单个企业的效率值,并按行业对样本公司效率值进行标准化处理,计算得出单个企业的DEA效率值,该值在 0 和 1 之间。

$$\text{Max}_v\,\theta = \frac{\text{Sales}}{v_1\text{PPE}+v_2\text{NOL}+v_3\text{R\&D}+v_4\text{GW}+v_5\text{OI}+v_6\text{SG\&A}+v_7\text{CGS}} \tag{2.1}$$

其次,计算管理者能力的代理指标。运用 Tobit 模型分行业分年度将管理者能力从企业全效率中分离出来,将公司固有影响因素剔除。根据模型(2.2),进行 Tobit 回归后得到的残差即为管理者能力。

$$\text{Firm-Efficiency} = \beta_1\text{Ln}(\text{Size}) - \beta_2\text{Ms} + \beta_3\text{Fcf} + \beta_4\text{Ln}(\text{Age}) +$$
$$\beta_5\text{Sc} + \beta_6\text{Fci} + \text{Year} + \varepsilon \tag{2.2}$$

其中,企业层面选择的影响因素包括企业规模(Size)、市场份额(Ms)、现金流情况(Fcf)、上市年数(Age)、公司分部的销售集中度(Sc)和海外业务状况(Fci)。需要说明的是,现金流情况为虚拟变量,当公司存在正向的现金流量时定义为 1,反之则为 0;同样,海外业务状况也为虚拟变量,当公司存在海外经营子公司时为 1,否则为 0;Year 表示公司的年度虚拟变量。

（2）基于管理者薪酬

管理者能力越高，代表市场对其认可度越高，企业往往会通过提高薪酬的形式或者期权股权激励的形式留住能力较高的管理者。Bertrand 和 Schoar（2003）发现同一管理者在不同企业中其管理方式并不相同，而这种不同与业绩和薪酬有关，其存在的管理差异最终会影响到企业决策。根据 Edmans 等（2009）提出的有效契约理论，激励性薪酬通常能够有效抑制破坏企业价值的行为。最优契约将管理者的报酬和公司的绩效挂钩，规定了公司绩效每增加一个百分点，薪酬必须有百分比的变化，这大大提高了管理者的积极性。而公司绩效的提高与管理者能力存在一定的关系。因此，在有效契约理论下，利用薪酬作为管理者能力的代理变量具有一定的合理性。Chang 等（2010）发现管理者能力差异会反映在管理者薪酬上，且管理者在先前任职的公司与当前聘用的公司中的相对薪酬与企业业绩正相关，因为先前任职的公司支付的薪酬代表着外部劳动力市场对管理者能力的认可。

但薪酬是否能真实反映管理者能力仍存在一定的争议。Tervi（2009）研究指出管理者报酬差异主要是由企业特征导致的，而且报酬差异与企业价值差异的关联性较弱。虽然采用薪酬作为管理者能力的代理符合有效契约理论，但是 Bebchuk 和 Fried（2006）却发现随着管理者薪酬的提高，管理者能力表现出的薪酬敏感性会逐渐减弱，使得将薪酬作为能力的代理仍存在争议。

2.2.2 基于外部影响的管理者能力衡量方法

（1）基于管理者外部声誉

管理者声誉的形成是企业利益相关者对管理者能力不断了解的过

程,当外界从企业发展、绩效等方面了解到管理者能力的不同时,管理者的声誉就逐渐形成了(李延喜 等,2010)。Milbourn(2003)首次比较全面地提出运用声誉作为管理者能力的代理变量,他采用四类指标度量声誉:第一类为管理者的任期,较长的管理者任期意味着公司董事倾向于保留这名高管,公司对有声望的管理者会长期挽留;第二类为媒体提及管理者名字的曝光数量,有声望的管理者更能够被媒体关注;第三类为从外部聘任有声望的管理者,依据在于,从外部聘用有声望的人士相比于提拔熟悉公司经营状况的内部人士,更有利于公司的发展;第四类为在任期内经过行业调整后的公司业绩,以此消除因行业不景气对管理者声誉的影响,具有高声誉的管理者会给公司带来更高的经济效益。后续也有学者对其提出的方法进行了改进,选用一些更为综合的指标。Rajgopal 等(2006)采用任期内前三年行业调整后的收益率、管理者知名度、管理者姓名在优质期刊中出现的次数等更多综合指标进行衡量。Francis 等(2008)除了引入管理者任期作为声誉的代理外,还增加了管理者年龄和管理者前期任职情况同时作为声誉的代理。但是将声誉作为管理者能力的代理变量时,度量的精确度并不高,根据媒体关注管理者的频率计数,容易高估或者低估文章数量。Ruggles 和Brower(2010)用调查问卷的方法来度量管理者的声誉,并选用管理者的道德评估、能力判断以及工作机会的判断来衡量管理者的声誉。

(2)基于企业异常收益

管理者是企业的重要组成部分,管理者的离任、跳槽或者死亡都会给企业带来较大的影响,这种影响会反映到企业的日常收益波动中。根据 Rosen(1990)的假设,管理者的能力和他所控制的资源规模应该是匹配的,这意味着能力越强的管理者应该被更大的公司挖走,发挥其大规模资源的控制和分配能力。Fee 和 Hadlock(2003)发现若跳槽到首席执行官职位的高管来自那些股价高于平均股价的公司，那么新公司支付给他们的薪酬会更高，这是因为公司的股价被解读为管理者能力强弱的信号。Hayes 和 Schaefer(1999)通过实证发现，管理者能力的差异会对股东的财富产生重大影响：公司的异常收益和该公司从其他公司聘用管理者是正相关的，而与公司失去一位有才华的管理者是负相关的。换句话说，失去一位特别有才华的管理者对公司来说是一个坏消息，而公司获得一位有能力的管理者来说是一个好消息，从而影响了公司的异常收益。Bennedsen 等(2011)研究了管理者或其直系亲属（配偶、父母、子女等）死亡与企业销售利润率、投资规模和销售增长的下降之间的关系，结果发现，在高增长、高投资和研发密集型行业，管理者离世的冲击更为明显。然而，企业其他类型并发事件的出现也会影响企业的收益波动，使用企业的收益波动来衡量管理者能力可能会存在一定的噪声，影响度量的精确性，且管理者死亡的发生仅为小概率事件，会导致样本量较小，影响结论的可靠性。

3　管理者能力对企业创新的影响： 公司治理效应及作用机制

3.1　管理者能力对企业创新的重要性

当前，我国进入了经济发展的新常态，亟须新的发展动力，以实现经济的高质量发展。技术创新作为经济增长和社会进步的重要动力，是建设现代化经济体系的战略支撑。因此，党和国家领导人在党的十九大和二十大等重要会议上，多次强调创新驱动发展战略，以实现到2030年进入创新型国家行列的目标。而创新战略目标的实现需要社会各界的共同努力，从创新活动的参与者来看，在科研机构、企业和个人当中，企业无疑是整个社会创新活动的主体。在创新活动的投入方面，2023年全国研发经费支出达33278亿元，比上年增长8.1%，与国内生产总值之比为2.64%，其中基础研究经费2212亿元，比上年增长9.3%，占研究与试验发展经费支出比重为6.65%。① 由此可见，企业是整个社会创新活动的主体，国家经济增长方式的转变依赖于各个企业

---

① 中华人民共和国2023年国民经济和社会发展统计公报［R/OL］.（2024-02-29）［2024-03-02］. https://www.stats.gov.cn/sj/zxfb/202402/t20240228_1947915.html.

的发展方式的转变。

虽然创新活动是经济高速发展的重要驱动力,但是不容忽视的是,创新活动对于企业而言是一项高风险、高投入而回报却存在较高不确定性的企业长期战略。那么管理者在面临这种高投入、高风险、不确定性较高的创新项目时,其能力对于企业创新活动将产生何种影响?而且在不同的产权性质、不同的行业、不同的外部治理结构与不同的内部治理结构中,管理者能力对企业创新活动的影响又会有什么不同?管理者能力对创新活动的影响机理是什么?这都值得进一步探讨。基于这些问题,本章将从 2009—2016 年 A 股上市企业入手,实证检验管理者能力对企业创新活动的影响。

3.2　理论分析与研究假设

3.2.1 既有管理者与企业创新之间关系的研究

Bertrand 和 Scholar(2003)的研究表明,管理层固定效应和管理风格影响公司决策,而企业创新作为一项战略性决策,无论对企业自身还是对宏观经济发展都具有显著的积极意义（Ciftci and Cready,2011;唐未兵 等,2014）。因此,探究管理者能力与企业创新之间的关系,对于企业提高自主创新能力和国家转变经济发展方式具有重要意义。

（1）管理者背景对企业创新的影响研究

Hambrick 和 Mason（1984）提出了"高层梯队理论",认为高层管理者的决策行为受其背景特征的影响。自此,国内外学术界开始研究管理层背景对于企业对策和绩效的影响。Richard 和 Shelor(2002)基于人口学理论研究发现,管理者学历、性别、年龄等特征与创新绩效存在密切的联系。宋建波和文雯(2016)从高管海外经历角度出发,发现董事的海外背景对企业创新具有正向促进作用,相对于具有海外学习背景的董事,具有海外工作经验的董事对企业创新的影响更大。而虞义华等(2018)研究发现,发明家高管对企业研发投入、创新产出、创新效率具有显著的正向促进作用。彭红星和毛新述(2017)则发现高管政治关联背景不能显著促进政府创新补贴对高科技公司研发投入强度的提升效果。赵子夜等(2018)从公司的总经理和董事长的工种、行业和地区跨界经历出发,构建了能力结构指数,并发现通才型领导人显著提升了公司的研发费用、专利申请和专利引用。

(2)管理者行为特征对企业创新的影响研究

Bertrand 和 Scholar(2003)的研究表明,管理层固定效应和管理风格影响公司决策。Hirshleifer 等(2012)的研究表明,过度自信的 CEO 会增加创新投资,获得更多的专利和专利引用,并且能更有效地利用研发支出来获得这些专利成果。而易靖韬等(2015)再次证实高管过度自信会促进企业加大创新项目的投入和产出,并进一步发现,相比非高新技术企业,高管过度自信与创新绩效的正相关关系在高新技术企业中更为显著。何晓斌等(2013)从企业家社交活动出发,发现企业家花在社交活动(外出联系生意、开会和公关招待等)上的时间与企业绩效显著正相关。这种促进作用对于处于生存期(1~5岁)和具备较高产品创新能力的新创企业来说更加明显。

(3)高管激励对企业创新的影响研究

如何使得高管从企业角度出发进行高风险、高投入的创新性投入,而不因为代理问题而逃避创新活动?许多学者均认为可以通过薪酬设计来缓解这种代理问题。从高管薪酬的角度，卢锐（2014）研究发现事前的高水平薪酬可以促进公司高管从事创新投资，而薪酬业绩敏感性则能被用来约束高管在创新投资事后的机会主义行为。而从股权或期权激励的角度，鲁桐和党印（2014）通过分行业比较，发现董事、监事高持股比例对研发投入均有正向影响，陈华东（2016）发现管理者股权激励与企业创新显著正相关，且因为管理者对股权激励的敏感性呈倒 U 形关系，从而使股权激励对企业创新的激励作用也呈倒 U 形关系。王姝勋等（2017）研究发现期权激励提高了企业的专利产出，并且在非国有企业、基金持股较多的企业、期权行权期较长的企业和高管期权授予相对规模较大的企业中更加明显。

从现有研究成果来看，针对管理者对于企业创新活动（包括创新投入、创新产出和创新效率）的影响，不管是国外还是国内学术界都展开了相关的研究，均取得了较多成果。然而如上研究多是考察管理者背景、行为决策以及高管激励对企业创新的影响，较少关注管理者能力的差异。因此，本章将从管理者能力出发，研究管理者能力对企业创新的影响。

对企业管理者而言，创新活动是一项风险很高的长期活动（Holmstrom，1989），那么在我国转变经济发展方式、不断重视企业自主创新的环境下，管理者能力的高低对于企业创新投入、创新效率的影响是否会有区别？

3.2.2 管理者能力对企业创新投入的影响

有能力的管理者更乐意追求企业创新。首先，能力越强的管理者，越能了解企业的可持续发展离不开自主创新，也越能够发现行业内潜在的盈利点，通过评估风险与回报进行创新获得企业的核心竞争力。

这种核心竞争力的获得，不仅是企业领先市场的重要条件，更是管理者能力的体现。因此，能力较强的管理者对企业创新项目会持积极态度。其次，能力越强的管理者风险承受能力也越强，且在投资决策过程中能够评估创新项目所需承担的风险，并在创新项目运营过程对风险加以控制。因此，能力较强的管理者愿意增加高风险的创新投入。最后，能力强的管理者，会更加自信，相信高风险能带来高回报，因此在未来的经济业务活动中，会识别不确定性中蕴藏的机会与获利的可能性，积极地进行各种创新投资。这种情况下，在管理者能力出现过度自信时，会更加明显，进而促进企业加大创新项目的投入和产出（易靖韬 等，2015）。

然而，企业经营权与所有权的分离，委托代理问题的存在，导致管理者与股东的目标不一致（Jensen and Meckling，1976），此时，企业管理者出于自身利益考虑，往往会逃避高风险的创新活动。首先，管理者影响着企业的投资行为。与企业的其他投资相比，企业进行创新常常需要长期、稳定的巨额投入，且创新收益具有不确定性大、滞后期长等特征（Holmstrom，1989；Aboody and Lev，2000），这意味着管理者进行企业创新投入，不仅要容忍创新活动最终失败以及股东对其能力的质疑，而且即便创新活动后期取得成功，给企业带来了创新性的技术或者产品，但是创新收益的滞后性以及难以评价性使得过多的研发投入并不一定能在任期内成为管理者的绩效（许言 等，2017）。因此，管理者往往会逃避企业创新活动。其次，按照目前的财务会计准则，只有在开发阶段并且满足一系列资本化条件后，研发支出才予以资本化，而其余的支出都会予以费用化，从而可能会拖累公司经营业绩。公司经营业绩的下滑，往往不能体现管理者的能力与价值，这使得管理者在更换职位时的机会成本上升。最后，管理者能力越高，越加注重有效的创新投入，而不是随意增加研发投入。周铭山和张倩倩（2016）研究发现，国有企业 CEO 在政治晋升的激励下,对企业创新投入负向显著,更加专注有效的研发投入。综上所述,本章分别从风险偏好以及风险规避的角度出发进行分析,根据分析提出以下假设。

假设 3-1:在其他条件相同的情况下,管理者能力正向影响企业创新投入,即管理者能力越高,企业创新投入越高。

假设 3-2:在其他条件相同的情况下,管理者能力负向影响企业创新投入,即管理者能力越高,企业创新投入越低。

3.2.3 管理者能力对企业创新效率的影响

企业管理者能力越强,将越追求企业效率(姚立杰、周颖,2018),即以企业的低投入或低成本获得高效产出。首先,对企业创新项目进行投资决策时,管理者能力越强,越能够发现具有较高回报但较低成本的创新项目,从而在降低风险的同时增加企业市场竞争度。其次,后续启动创新项目之后,大量投入研发费用、研发人员、研发设备的过程中,能力较强的管理者将体现出较强风险控制能力、资源整合能力、机会发现能力以及学习能力,从而能够合理进行企业资源的有效配置,减少活动中的成本而提高创新效率。最后,管理者能力越强,越能通过缓解信息不对称程度而促进创新活动。创新活动想要获得一定的创新产出,一般需要进行大量的创新投入,而且这种活动的产出还存在较高的风险性和不确定性,这将使得企业股东会对此感到不满或者不理解,从而导致企业所有者与经营者之间的代理问题。但是,若管理者能力较强,就能够有效地披露创新活动过程,使得信息不对称程度降低(Chemmanur,2010);同时,由于其管理能力较强、受到企业股东的认可度较高,那么在管理者选择或进行企业创新活动时不容易遭到反对,有利于管理者进行创新活动，并提高创新效率。

但是，管理者能力过强也有可能引发过度自信，导致高估收益、低估风险（Malmendier and Tate，2005）。首先，在进行决策时，管理者认为能够把控项目中存在的风险或者忽视存在的风险，这会增加创新项目失败的可能性。其次，管理者能力越高，越有可能进行过度投资（潘前进、李晓楠，2016），大幅增加企业研发投入，不利于企业创新效率的提高。最后，出于自身利益，能力越强的管理者越能够利用股东与管理者之间的信息不对称，通过创新投资的方式转移公司资源来谋取私人利益（Dhaoui and Jouini，2010）。近年来，创新驱动发展战略的实施使得各个企业纷纷加入创新行列，能力较强的管理者出于行业声望以及评价等非货币性收益的考量而大幅增加创新投入，反而使得创新效率降低。此外，公司为了迎合市场预期会进行过度创新投资，最终使得创新投资与产出严重不配比（肖虹、曲晓辉，2012）。综上所述，我们提出以下假设。

假设 3-3：在其他条件相同的情况下，管理者能力正向影响企业创新效率，即管理者能力越高，企业创新效率越高。

假设 3-4：在其他条件相同的情况下，管理者能力负向影响企业创新效率，即管理者能力越高，企业创新效率越低。

3.3 变量选择与实证模型

3.3.1 样本选择与数据来源

本章选取 2009—2016 年中国沪深两市 A 股上市公司作为初始样

本,数据均来源于 Wind(万得)数据库以及国泰安数据库,行业分类以中国证监会 2012 年最新修订的上市公司行业分类指引为标准。

首先,在 DEA-Tobit 模型中,产出(主营业务收入)与投入(固定资产、净经营租赁、净研发、商誉、无形资产、主营业务成本、销售及管理费用)模型以及 Tobit 模型均不涉及滞后期,因此选取了来自 Wind 数据库公司"财务报表"一栏 2009—2016 年的有关数据。

其次,由于新会计准则自 2007 年开始实施,上市公司的研发费用开始规范化披露,但 2007 年和 2008 年研发数据缺失较多,因此在收集数据过程中选取了 2009—2016 年的数据。根据新会计准则,公司研发支出区分为研究阶段支出以及开发阶段支出。其中,研究阶段只是探索性活动,因此研究阶段支出计入"管理费用"一栏;而开发阶段进一步分为两个阶段,当达到资本化条件之前,规定费用化的支出计入"管理费用"一栏,当达到资本化条件之后,研发支出资本化。本章所选取的研发费用指的是"研发费用总额",既包括费用化的支出,也包括资本化的支出,数据来源于 Wind 数据库。而本章中所研究的专利数(专利申请数以及专利授权数)来源于国泰安数据库;治理结构水平数据来源于 CCER 公司治理专题数据库;信息透明度数据来源于国泰安数据库。

为保证研究结果的准确性,本章进行了如下初步处理:

(1)按照已有的研究惯例,剔除金融企业以及 ST 企业;

(2)根据 DEA-Tobit 模型,将主要变量中的空值、0 值予以剔除,同时由于管理者能力需要分行业进行 Tobit 回归,因此剔除了样本量较少的教育以及居民服务、修理和其他服务业这两个行业的上市公司;

(3)为保证数据准确性,删除研究变量缺失的观测值;

(4)为避免极端值的影响,本章对所有连续变量中存在极端值的变量进行了 1% 的缩尾处理。

3.3.2 变量的选择

（1）创新投入（IIp）和创新效率（IE）

企业创新活动的衡量一般使用创新投入、创新产出以及创新效率这三类指标。David 和 Gimeno（2001）、温军和冯根福（2008）以及鲁桐和党印（2014）指出企业创新产出受外生因素的影响较大，而较少受到管理层控制，且企业创新成果分为发明专利、实用新型与外观设计，创新成果的可比性较差，因此不宜把创新产出作为被解释变量。鉴于此，本章主要选取了创新投入与创新效率来衡量企业的创新活动。

在创新投入的测度上，本书参照文献中（鲁桐、党印，2014；周铭山、张倩倩，2016；李常青 等，2018）常用的方法，以研发支出占企业总资产的比重（rd_size）和研发支出占企业营业收入的比重（rd_in）来衡量企业创新投入。

在创新效率的测度上，专利申请数、专利授权数等单一指标并不能很好地衡量专利质量（Valentini，2012），因此本章参照余泳泽和刘大勇（2013）、钱丽等（2015）的研究，选用超效率 DEA 模型进行测度，采用max DEA软件，选择规模报酬可变和投入导向。

投入指标中，本章将投入指标分为人力、物力和财力三个方面。在人力方面的投入，由于研发人员数据缺失较多，选取了 Wind 数据库中的技术人员人数；同时，考虑到企业的规模与性质，因此将技术人员占企业总员工的比重作为人力的选取。在物力方面的投入，何玮等（2003）指出企业在进行创新投入时需要各种仪器、设备支持与配合，仪器、设备等是企业进行创新活动的基础，因此本章选取了固定资产净额作为创新投入指标之一。在财力方面，每个企业在开展创新活动时都会投入研发费用,本章考虑到不同企业的规模大小,选取企业研发投入强度作为创新投入指标之一。

产出指标中,由于专利授权在申请过程中可能受到审批、政策因素的影响,存在较大的不确定性,而专利申请数说明企业已经取得一定的研发成果,更为真实地反映企业创新水平的产出,因此本章参照袁建国等(2015)的做法,选取专利申请数作为产出指标。

研发投入并不一定能在当年就有创新成果,投入与产出具有滞后关系,因此本部分借鉴姚立杰和周颖(2018)等学者的研究,将滞后一期的投入数据与当期的产出数据相对应,作为当期的创新效率。具体计算指标如表 3-1 所示。

表 3-1　创新效率具体计算变量

一级变量	二级变量	变量具体指标计算
投入变量	技术人员比例	技术人员人数/企业总员工数
	研发强度	研发费用/企业总资产
	固定资产净额	固定资产原价减去累计折旧和固定资产减值准备后的净额
产出变量	专利申请数	企业每年的专利申请数取对数

(2)管理者能力(MA)

本章依据 Demerjian 等(2012)提出的 DEA-Tobit 模型方法来度量管理者能力。目前,此方法已经被广泛地运用在实证研究之中(Dermerjian et al.,2013;张敦力、江新峰,2015;何威风、刘巍,2015)。与其他方法相比,该方法不仅从投入产出角度较为完整地衡量了企业整体效率,而且将管理者能力有效地分离出来,具有较强的操作性。因此,本章也选用了 Demerjian 等(2012)提出的管理者能力测量方法。

(3)外部治理结构和内部治理结构(CGI)

本章将按照治理结构水平对企业进行分组,并检验管理者能力对企业创新的影响。本章所选取的公司治理结构分为外部治理结构与内部治理结构,其中外部治理结构选取了市场竞争集中度(HHI)以及基金持股比例(Fd_sh),内部治理结构通过主成分分析法合成了一个综合治理指标(In_gover)。具体计算指示如下:

外部治理结构中,肖星和王琨(2005)发现证券投资基金在选择业绩和治理结构良好的公司进行投资的同时,也起到了促进公司业绩改善的作用,因此本章采用了基金持股比例(Fd_sh)来衡量企业外部治理结构,以中位数为分界点,将样本分为基金持股比例高组和基金持股比例低组。

对于市场竞争集中度,参考 Giroud 和 Mueller(2010)、Kim 等(2014)学者的已有研究,采用赫芬达尔-赫希曼指数(HHI)来衡量。

$$HHI= \sum_{i=1}^{N} (X_i/X)^2, X= \sum X_i \tag{3.1}$$

其中,X_i 表示行业内企业 i 的年度营业收入,X 是指该行业的总营业收入规模:若该行业内企业数量大于 50 家,则选取营业收入规模最高的 50 家企业作为行业总营业收入规模;若该行业内企业数量小于 50 家,则选取所有企业作为行业总营业收入规模。行业的分类以中国证监会于 2012 年最新修订的上市公司行业分类指引为标准。HHI 值越大,则表示市场集中程度越高,垄断程度越高,市场竞争越不激烈;反之,则表明市场竞争越激烈。参照解维敏和魏化倩(2016)的研究,以HHI 指数中位数为基准,将行业划分为高市场竞争行业以及低市场竞争行业。若某行业 HHI 指数小于该年的中位数,则该行业属于高竞争市场行业,否则该行业属于低竞争行业。

内部治理结构中,参考张学勇和廖理(2010)、王晓珂和黄世忠(2017)等学者的研究,本章通过构建内部治理结构综合指数来度量企业内部治理水平:首先,分别从持股结构与股东权益、管理层治理以及董事、监事与其他治理形式三方面出发,共选取股权制衡度、流通股比例、高管持股比例、董事会持股比例、股东会召开次数、两职合一设置情况、高管薪酬、董事会结构、董事会规模、董事会召开次数、监事会规模和监事会召开次数等 12 个内部治理结构指标;然后,通过主成分分析法构造企业内部治理结构指数(CGI)。所选的具体内部治理结构指标见表 3-2。

表 3-2　公司内部治理结构指标选取

一级变量	二级变量	变量具体指标计算
持股结构与股东权益	股权制衡度(sh2_5)	第二大到第五大股东持股之和除以第一大股东持股比例
	流通股比例(tr_sh)	公司流通股所占比例
	高管持股比例(ma_sh)	公司高管持股数/公司总股本数
	董事会持股比例(bo_sh)	公司董事会持股数/公司总股本数
管理层治理	股东会召开次数(sh_me)	公司年度召开的股东大会次数
	高管薪酬(salary)	公司前三名高管薪酬之和
	两职合一情况(dir_ceo)	董事长与总经理是否兼任的虚拟变量,若两职合一,则设置为 0;否则为 1
董事、监事	董事会结构(indepen)	公司董事会中独立董事占比
	董事会规模(board)	公司董事会人数
	董事会召开次数(bo_me)	公司年度董事会召开次数
	监事会规模(supervising)	公司监事会人数
	监事会召开次数(su_me)	公司年度监事会召开次数

(4)控制变量

参照温军和冯根福(2012)以及潘越等(2016)等的已有研究,本章控制了公司层面的特征因素对企业创新活动的影响,这些因素包括公司规模(Size)、公司年龄(Age)、资产负债率(Lev)、盈利能力(Roa)、现金流量(CF)、公司运营效率(Laz)、公司成长性(Tobinq)和企业性质(Soe)。

上述变量的具体定义见表 3-3。

表 3-3 变量类型、变量名称与变量计算方式

一级变量	二级变量	变量具体指标计算
被解释变量	创新效率(IE)	选月超效率 DEA 模型计算创新效率
	创新投入(IIp)	研发支出占企业总资产的比重(rd_size)
		研发支出占企业营业收入的比重(rd_in)
解释变量	管理者能力(MA)	参照 Demerjian 等(2012)提出的 DEA-Tobit 模型
控制变量	公司规模(LnSize)	t 年的公司总资产取对数
	公司年龄(LnAge)	t 年成立时间(公司成立年数+1,并取对数)
	资产负债率(Lev)	t 年的负债/t 年的总资产
	盈利能力(Roa)	t 年的净资产/t 年的总资产
	现金流量(CF)	t 年的营业现金流量净额/t 年的总资产
	公司运营效率(Laz)	t 年的流动资产/t 年的营业收入
	公司成长性(Tobinq)	(t 年末股票市值+t 年负债合计)/t 年总资产
	企业性质(Soe)	若公司为国有企业则赋值为 1,否则赋值为 0
分组变量	行业差异(HT)	若公司为高新技术企业则赋值为 1,否则赋值为 0
	产权性质(Soe)	若公司为国有企业则赋值为 1,否则赋值为 0
	内部治理结构水平(CGI)	参考张学勇和廖理(2010)等的研究,通过主成分分析法得到综合的内部治理结构标志
	外部治理结构水平	市场竞争集中度(HHI):以赫芬达尔-赫希曼指数衡量

3.3.3 实证模型

为了检验管理者能力对企业创新投入、创新效率的影响,本章采用了以下模型。

$$\text{Innovation}_{i,t} = \beta_0 + \beta_1 \text{MA}_{i,t-1} + \beta_2 \text{LnSize}_{i,t-1} + \beta_3 \text{LnAge}_{i,t-1} +$$
$$\beta_4 \text{Lev}_{i,t-1} + \beta_5 \text{Roa}_{i,t-1} + \beta_6 \text{CF}_{i,t-1} + \beta_7 \text{Laz}_{i,t-1} +$$
$$\beta_8 \text{Tobinq}_{i,t-1} + \beta_9 \text{Soe}_{i,t-1} + \sum \text{Year} +$$
$$\sum \text{Industry} + \varepsilon_{i,t} \qquad (3.2)$$

其中,Innovation 代表企业创新投入(IIp)以及企业创新效率(IE),核心解释变量为管理者能力(MA),其余变量为控制变量,并在此基础上控制了年度和行业。为了降低内生性影响,本章对所有解释变量滞后一期。

由于企业创新效率(IE)和企业创新投入(IIp)的值大部分位于 0 到 1 之间,以 0 为下限,属于受限因变量,若采用普通最小二乘法回归模型来估计含有截尾数据的模型参数会产生偏差,且估计量是不一致的,在这种情况下可采用最大似然法估计其参数的 Tobit 模型。因此,本章选用了 Stata13.0 进行面板 Tobit 模型回归分析,并设置了下限 0。

3.4　管理者能力对企业创新影响的检验与分析

3.4.1 描述性统计与相关性分析

本章所涉及变量的描述性统计如表 3-4 所示。上市企业创新投入比例均值 rd_in 和 rd_size 分别为 0.047 以及 0.019;创新效率 IE 的均值和标准差分别为 0.334 和 0.666,中位数为 0.231,但最小值与最大值却相差 34.293,这说明上市企业中个别企业创新效率非常高,而大部分上市企业的创新效率较低。本章的解释变量管理者能力(MA),均值为 −0.013,最小值为 −0.659,最大值为 0.536,与国内学者的统计结果基本一致,而 Demerjian 等(2012)学者统计的美国上市公司管理者能力平均数为 −0.004,表明我国上市公司管理者能力水平低于美国上市公司,且最小值与最大值之间的差异也反映了上市公司管理者能力存在较大差异。本章的分组变量中，由主成分分析法所得到的公司内部治理结构水平（CGI）的范围在－0.900 到 3.120 之间，这说明我们国家上市公司之间治理水平差异较大。

表 3-4　本章变量的描述性统计

变量	变量名	样本量	均值	标准差	中位数	最小值	最大值
创新投入	rd_in	5950	0.047	0.055	0.036	0.000	1.694
	rd_size	5950	0.019	0.019	0.016	0.000	0.262
创新效率	IE	5950	0.334	0.666	0.231	0.000	34.293
	MA	5950	−0.013	0.114	−0.011	−0.659	0.536
	InSize	5950	8.220	1.177	8.035	5.410	14.188
	InAge	5950	2.829	0.279	2.833	1.386	4.060
	Lev	5950	39.709	20.101	38.285	0.797	102.774
解释变量	Roa	5950	4.366	5.534	3.904	−46.842	32.998
	CF	5950	0.045	0.066	0.042	−0.406	0.661
	Laz	5950	1.303	1.023	1.071	0.041	20.532
	Tobinq	5950	2.463	2.089	1.902	0.091	33.475
	Soe	5950	0.329	0.470	0.000	0.000	1.000
	HT	5950	0.367	0.482	0.000	0.000	1.000
	CGI	5950	0.048	0.390	−0.010	−0.900	3.120
分组变量	Fd_sh	5950	0.045	0.066	0.042	−0.406	0.661
	HHI	5950	0.077	0.099	0.045	0.037	0.498
	CGI	5950	0.048	0.390	−0.010	−0.900	3.120

表 3-5 对主要变量进行了 Pearson 相关性分析。从表 3-5 可知，首先，创新投入的 rd_in 与 rd_size 指标之间存在十分显著的正相关性，且管理者能力与企业创新投入指标也存在较高的相关性，因此实证结果中，管理者能力对于二者的影响应是一致的；其次，管理者能力与企业创新效率 IE 存在显著的相关性，这说明管理者能力会对企业创新产生影响。另外，本章的控制变量大部分与企业创新指标存在显著相关性，这说明控制变量的选择是较为有效的。

表 3-5　创新投入、创新效率指标相关性分析

变量	rd_in	rd_size	IE	MA	lnSize	lnAge	Lev	Roa	CF	Laz	Tobinq	Soe
rd_in	1											
rd_size	0.599***	1										
IE	−0.010	−0.039***	1									
MA	−0.264***	−0.072***	0.085***	1								
lnSize	−0.297***	−0.263***	−0.007	0.016	1							
lnAge	−0.138***	−0.074***	−0.046***	0.013	0.179***	1						
Lev	−0.361***	−0.227***	−0.0160	0.012	0.553***	0.196***	1					
Roa	0.056***	0.167***	0.064***	0.375***	−0.043***	−0.051***	−0.390***	1				
CF	−0.039***	0.097***	−0.076***	0.171***	0.060***	0.029**	−0.151***	0.433***	1			
Laz	0.410***	−0.028*	0.106***	−0.198***	−0.171***	−0.123***	−0.252***	−0.095***	−0.234***	1		
Tobinq	0.332***	0.244***	0.082***	0.073***	−0.450***	−0.030*	−0.439***	0.321***	0.109***	0.140***	1	
Soe	−0.059***	−0.011	0.003	0.015	0.241***	0.038***	0.216***	−0.092***	−0.023*	−0.092***	−0.118***	1

注：***，**，* 分别表示在 1%、5% 和 10% 的水平上显著。

3.4.2 管理者能力对企业创新影响的检验

本章通过 Tobit 模型检验管理者能力对企业创新投入、创新效率影响的结果如表 3-6 所示。从表 3-6 的回归结果中可以看到，被解释变量为企业创新投入（IIp）时，管理者能力 MA 的回归系数分别为 −0.0779和−0.0221，在 1％的水平上显著，这意味着不管创新投入的度量方式是研发投入占营业收入的比重（rd_in）还是研发投入占企业总资产的比重（rd_size），都支持假设 3-2，即管理者能力越高，企业创新投入越低。这说明管理者能力越高，越想要规避企业创新活动中存在的风险，不希望创新项目的失败使自身的能力和价值受到质疑；与此同时，管理者能力越高，越希望专注于有效的创新投入，而不是随波逐流，在这种"大众创业，万众创新"的大环境下随意投入大量研发费用。

表 3-6 列（3）显示，当被解释变量为企业创新效率（IE）时，管理者能力 MA 的回归系数为 0.180，并在 1％的水平上显著，支持假设 3-3，即管理者能力越高，企业创新效率越高。该结果与姚立杰和周颖（2018）的实证结果相一致，再次验证了管理者能力有利于企业创新效率的提高。结合表 3-6 列（1）（2）的结果，管理者能力对企业创新投入的负向影响可知，管理者能力越高越注重有效地投入研发费用，选择投资回报率较大的创新项目，后续运用自身的能力使得企业研发过程中的资源得以合理配置，从而提高企业创新效率。

表 3-6　管理者能力对企业创新投入、创新效率影响的回归结果

变量	（1） rd_in	（2） rd_size	（3） IE
MA	−0.0779 ***	−0.0221 ***	0.180 ***
	（−17.14）	（−10.74）	（5.39）

续表

变量	(1) rd_in	(2) rd_size	(3) IE
CF	0.0174 **	0.00719 **	−0.257 ***
	(2.15)	(1.97)	(−4.33)
Soe	0.00587 ***	0.00314 ***	0.0120
	(4.40)	(5.20)	(1.22)
Roa	0.000660 ***	0.000496 ***	0.00337 ***
	(5.33)	(8.85)	(3.70)
InSize	−0.00182 ***	−0.00245 ***	0.00734 *
	(−3.34)	(−9.90)	(1.83)
Tobinq	0.00303 ***	0.000390 ***	0.0138 ***
	(10.29)	(2.92)	(6.35)
InAge	−0.00491 ***	−0.00135 *	−0.00391
	(−2.90)	(−1.76)	(−0.31)
Lev	−0.000166 ***	−2.29e−05	0.000733 ***
	(−5.03)	(−1.54)	(3.02)
Laz	0.0165 ***	−0.00183 ***	0.0382 ***
	(25.68)	(−6.30)	(8.09)
截距项	0.0184 **	0.0310 ***	0.285 ***
	(2.25)	(8.38)	(4.76)
Industry	Yes	Yes	Yes
Year	Yes	Yes	Yes
LR chi^2(29)	2907.82	1175.2	367.29
N	5463	5463	5463

注:*** 、** 、* 分别表示在 1%、5%和 10%的水平上显著;括号内数值表示相应的 z 值。

3.4.3 不同产权性质和行业下管理者能力对企业创新的影响

(1)产权性质的影响

根据企业的产权性质可以将企业分为国有企业和非国有企业,区别在于企业的最终控制人有所不同。一方面,国有企业的融资渠道和融资便利度要远远优于民营企业(张扬,2016),而创新恰恰需要充裕的资金。另一方面,在国家提出"大众创业,万众创新"的口号下,有关的政府部门往往会干预国有企业的决策和行动来提高政绩(Shleifer and Vishny,1994),相比较而言民营企业受到的干预较少,因而国有企业会更加注重企业创新。

但是,从信号传递理论角度出发,首先,国有企业在政府的担保下向市场和投资者传递了充分的信息,企业风险较少,信誉也会较高于民营企业,提高了投资者对国有企业的依赖度,但弱化了管理者能力的信号传递作用。但民营企业不同,除了企业信誉,管理者能力也是增强投资者信心的重要信号,因此民营企业的管理者会更加自我约束,注重向市场传递真实的信息,提高企业的运营效率和资源配置效率。其次,国有企业的管理者具有一定的政治身份,更关注晋升,而非国有企业的管理者需要行业和市场对其能力的认可,因此会更重视企业的运营效率,提高企业创新的效率。综上所述,在不同的产权性质下,管理者能力对企业创新的影响会发生显著变化。

本章按照产权性质进行分样本 Tobit 模型回归,回归结果见表 3-7 和表 3-8,在区分国企和非国企下,分组检验管理者能力对企业创新投入和创新效率的影响,并进行组间差异检验。

由表 3-7 可知,在国企中,管理者能力对企业创新投入 rd_in 和 rd_size 的影响系数分别为 -0.0638 和 -0.0134,并在 1% 的水平上显著,但相较于全样本中的影响系数 -0.0779 和 -0.0221,管理者能力对企业创新投入的负向影响均有所降低。相反,在非国企中,管理者能力对企业创新投入 rd_in 和 rd_size 的影响系数为 -0.0834 和 -0.0270,并在 1% 的水平上显著,相较于全样本中的影响系数而言,管理者能力对企业创新投入的负向影响均有所增加。这说明国企在政府背景支持下,资金较非国企而言更为充裕,因此管理者回避创新项目的风险意愿有所降低,而非国企在没有政府担保的光环下,管理者回避创新风险的意愿会更强。

表 3-7　管理者能力对企业创新投入的影响:基于产权性质的分析

变量	rd_in		rd_size	
	国企	非国企	国企	非国企
MA	−0.0638***	−0.0834***	−0.0134***	−0.0270***
	(−8.35)	(−14.76)	(−3.51)	(−11.04)
CF	0.0141	0.0152	0.00688	0.00690
	(1.07)	(1.51)	(1.04)	(1.58)
Soe	0.00518***	0.0677***	0.00271***	0.00972
	(3.44)	(4.00)	(3.59)	(1.33)
Roa	0.000685***	0.000666***	0.000417***	0.000549***
	(3.55)	(4.09)	(4.32)	(7.80)
lnSize	−0.00412***	0.000169	−0.00305***	−0.00173***
	(−5.53)	(0.20)	(−8.18)	(−4.63)
Tobinq	0.00142**	0.00342***	−0.000157	0.000587***
	(2.13)	(9.94)	(−0.47)	(3.94)
lnAge	−0.00312	−0.00719***	−0.00286**	−0.000836
	(−1.11)	(−3.32)	(−2.03)	(−0.89)
Lev	−0.000114**	−0.000241***	−1.22e−05	−4.24e−05**
	(−2.27)	(−5.44)	(−0.49)	(−2.22)
Laz	0.0166***	0.0160***	−0.00161***	−0.00190***
	(13.36)	(20.72)	(−2.58)	(−5.70)
截距项	0.0359***	0.0111	0.0456***	0.0245***
	(2.73)	(1.11)	(6.94)	(5.71)
Industry	Yes	Yes	Yes	Yes
Year	Yes	Yes	Yes	Yes
LR	729.76	2042.89	430.44	724.47
组间差异检验				
p 值	0.009		0.000	
N	1887	3576	1887	3576

注:***、**、*分别表示在 1%、5%和 10%的水平上显著;括号内数值表示相应的 z 值。

表 3-8 管理者能力对企业创新效率的影响:基于产权性质的分析

变量	IE	
	国企	非国企
MA	0.0831	0.230***
	(1.24)	(6.11)
CF	−0.421***	−0.180***
	(−3.64)	(−2.68)
Soe	0.0128	0.00147
	(0.97)	(0.01)
Roa	0.00656***	0.00243**
	(3.89)	(2.24)
lnSize	0.0266***	−0.0182***
	(4.10)	(−3.16)
Tobinq	0.0230***	0.0104***
	(3.97)	(4.56)
lnAge	0.0106	−0.000880
	(0.43)	(−0.06)
Lev	0.00121***	0.000830***
	(2.75)	(2.82)
Laz	0.0166	0.0435***
	(1.53)	(8.48)
截距项	0.109	0.472***
	(0.95)	(7.17)
Industry	Yes	Yes
Year	Yes	Yes
LR	131.68	334.89
组间差异检验		
p 值	0.036	
N	1887	3576

注:***、**、*分别表示在 1%、5%和 10%的水平上显著;括号内数值表示相应的 z 值。

从表 3-8 可知,在国企中,管理者能力对企业创新效率(IE)的影响并不显著,而在非国企中,管理者能力对企业创新效率的影响系数为0.230,并在 1% 的水平上显著,较全样本中的影响系数 0.180 而言,非国企中的管理者能力对企业创新效率的正向影响显著提高。这说明就管理者能力对企业创新效率而言,非国企的管理者能力的影响高于国有企业。

综上分析,管理者能力对企业创新投入和创新效率的影响会因产权性质的不同而发生变化。

(2)行业的影响

不同的行业下,企业对创新的需求也会有所不同,创新的重要性也会有所不同,因此本章参照解维敏等(2009)区分了高新技术企业和非高新技术企业。

本章按照行业分类进行分样本 Tobit 模型回归,回归结果见表 3-9,在区分高新技术企业和非高新技术企业下,分组检验管理者能力对企业创新投入的影响,并进行了组间差异检验。在高新技术企业中,管理者能力对企业创新投入 rd_in 和 rd_size 的影响系数分别为 -0.0826 和 -0.0235,并在 1% 的水平上显著;而在非高新技术企业中,管理者能力对企业创新投入 rd_in 和 rd_size 的影响系数分别为 -0.0767 和 -0.0218,即相比较非高新技术企业,高新技术企业的管理者能力对创新投入的负向影响增加。这说明因为高新技术企业对创新要求更高,失败的风险也更高,因此管理者能力越强就越注重创新风险的规避和后期有效的研发投入。

表 3-9 管理者能力对企业创新投入的影响:基于行业性质的分析

变量	rd_in		rd_size	
	高新企业	非高新企业	高新企业	非高新企业
MA	−0.0826***	−0.0767***	−0.0235***	−0.0218***
	(−10.72)	(−13.56)	(−6.73)	(−8.56)
CF	0.0259**	0.0133	0.0120**	0.00571
	(1.97)	(1.30)	(2.01)	(1.24)
Soe	0.00930***	0.00513***	0.00480***	0.00297***
	(3.36)	(3.33)	(3.83)	(4.26)
Roa	0.000642***	0.000640***	0.000428***	0.000503***
	(3.09)	(4.14)	(4.53)	(7.21)
lnSize	0.000519	−0.00245***	−0.00154***	−0.00256***
	(0.48)	(−3.77)	(−3.14)	(−8.73)
Tobinq	0.00434***	0.00247***	0.000994***	0.000156
	(8.47)	(6.81)	(4.28)	(0.95)
lnAge	−0.00632**	−0.00424*	−0.00241*	−0.000670
	(−2.29)	(−1.95)	(−1.93)	(−0.69)
Lev	−0.000151***	−0.000178***	1.56e−05	−3.82e−05**
	(−2.63)	(−4.34)	(0.60)	(−2.06)
Laz	0.0158***	0.0171***	−0.00211***	−0.00162***
	(15.76)	(20.17)	(−4.64)	(−4.24)
截距项	0.00564	0.0216**	0.0276***	0.0295***
	(0.44)	(1.99)	(4.72)	(6.00)
Industry	Yes	Yes	Yes	Yes
Year	Yes	Yes	Yes	Yes
LR	974.38	1889.94	309.29	838.99
组间差异检验				
p 值	0.295		0.344	
N	1944	3519	1944	3519

注:***、**、*分别表示在1%、5%和10%的水平上显著;括号内数值表示相应的 z 值。

从表 3-10 可以看出,在高新技术企业中,管理者能力对企业创新效率的影响系数为 0.197,并在 1% 的水平上显著;而在非高新技术企业中,管理者能力对创新效率的影响系数为 0.165,也在 1% 的水平上显著。可见,在高新技术企业中,高管理者能力能够更加有效地提高企业创新效率。

综上分析,管理者能力对企业创新投入和创新效率的影响会因行业差异而发生变化。

表 3-10　管理者能力对企业创新效率的影响:基于行业性质的分析

变　量	IE	
	高新企业	非高新企业
MA	0.197***	0.165***
	(3.94)	(3.81)
CF	−0.114	−0.362***
	(−1.34)	(−4.62)
Soe	−0.0136	0.0122
	(−0.76)	(1.03)
Roa	0.00530***	0.00300**
	(3.90)	(2.53)
InSize	−0.0223***	0.0122**
	(−3.18)	(2.44)
Tobinq	0.00878***	0.0158***
	(2.64)	(5.67)
InAge	0.0121	−0.0153
	(0.67)	(−0.92)
Lev	0.000883**	0.000642**
	(2.37)	(2.04)
Laz	0.0529***	0.0263***
	(8.10)	(4.05)

续表

变　量	IE	
	高新企业	非高新企业
截距项	0.414 ***	0.301 ***
	(4.93)	(3.61)
Industry	Yes	Yes
Year	Yes	Yes
LR	278.69	211.48
组间差异检验		
p 值	0.392	
N	1944	3519

注：*** 、** 、* 分别表示在 1%、5% 和 10% 的水平上显著；括号内数值表示相应的 z 值。

3.5　管理者能力对企业创新的影响：公司治理效应

　　公司治理是平衡股东、董事会和管理层等利益相关者关系的一套制度安排，以此提升企业效率，并使企业得以可持续发展（鲁桐、党印，2012）。基于上述理由，本章采用机构投资者和市场竞争集中度来代表公司的外部治理结构，采用合成的内部治理结构水平指数来代表公司的内部治理结构，分别研究内外部公司治理结构和水平对管理者能力与企业创新活动之间的关系。

3.5.1 外部治理结构对管理者能力与企业创新之间关系的调节效应

（1）机构投资者的调节效应

首先，机构投资者作为持有较多股份的外部股东，能够改善公司治理机制，如管理层薪酬、公司 R&D 支出等（Bushee，1998；Morgan et al.，2011）。Ding 等（2013）发现，投资基金作为公司外部治理机制，能够对管理者进行监督，并缓解公司的代理问题。在这种情况下，由于受到外部监督，管理者在开展企业创新活动过程中，则会进一步约束自身，并根据公司实际情况进行合理的研发，提高创新活动的效率，进而向投资者展现自身的价值。因此，在不同的机构投资者持股比例下，管理者能力会对企业创新活动产生不同的影响。

本章以基金持股比例中值为分界点进行高低分组，分别检验管理者能力对企业创新投入和创新效率的影响，并进行了组间差异检验。基金是机构投资者中较具代表性的一类投资者，而且新兴市场中的机构投资者往往可以利用资源和专业优势，有效监督公司管理层的经营运作行为，影响被持股公司的决策和治理机制（杨海燕 等，2012）。

从表 3-11 中可以看到，基金持股比例高组中，管理者能力对企业创新投入 rd_in 和 rd_size 的影响系数分别为 -0.0950 和 -0.0254，并在 1‰ 的水平上显著；而在基金持股比例低组中，管理者能力对企业创新投入 rd_in 和 rd_size 的影响系数分别为 -0.0587 和 -0.0177，并在 1‰ 的水平上显著。这说明在基金持股比例较高的情况下，能够对企业管理者进行有效的外部监督，使得管理者很难以创新为借口谋取私人利益，并降低企业代理成本，因此管理者能力对企业创新投入的负向影响更显著。

表 3-11　管理者能力对企业创新投入的影响:机构投资者效应

变量	rd_in		rd_size	
	基金持股 比例高组	基金持股 比例低组	基金持股 比例高组	基金持股 比例低组
MA	−0.0950***	−0.0587***	−0.0254***	−0.0177***
	(−13.43)	(−10.58)	(−8.21)	(−6.53)
CF	0.0186	0.0161*	0.0126**	0.00200
	(1.45)	(1.68)	(2.25)	(0.43)
Soe	0.00661***	0.00442***	0.00420***	0.00178**
	(3.21)	(2.72)	(4.65)	(2.24)
Roa	0.000705***	0.000423***	0.000501***	0.000422***
	(3.54)	(2.76)	(5.75)	(5.64)
lnSize	−0.00216**	−0.00215***	−0.00276***	−0.00224***
	(−2.29)	(−3.44)	(−6.67)	(−7.35)
Tobinq	0.00285***	0.00201***	0.000221	0.000281
	(6.84)	(4.64)	(1.21)	(1.33)
lnAge	−0.00735***	−0.00211	−0.00263**	−0.000118
	(−2.69)	(−1.05)	(−2.20)	(−0.12)
Lev	−0.000177***	−0.000180***	−1.21e−05	−4.18e−05**
	(−3.14)	(−4.84)	(−0.49)	(−2.30)
Laz	0.0197***	0.0131***	−0.00150***	−0.00218***
	(18.92)	(17.32)	(−3.29)	(−5.89)
截距项	0.0155	0.0270***	0.0359***	0.0281***
	(1.12)	(2.88)	(5.92)	(6.17)
Industry	Yes	Yes	Yes	Yes
Year	Yes	Yes	Yes	Yes
LR	1607.27	1231.16	625.51	529.09
组间差异检验				
p 值	0.002		0.035	
N	2735	2728	2735	2728

注:***、**、*分别表示在 1%、5% 和 10% 的水平上显著;括号内数值表示相应的 *z* 值。

　　由表 3-12 可知,基金持股比例高组,管理者能力对企业创新效率
的影响系数为 0.181,并在 1% 的水平上显著;而基金持股比例低组,管
理者能力对企业创新效率的影响系数为 0.175,并在 1% 的水平上显著。
这说明在基金持股比例较高组,企业的外部治理对管理者产生了有效
的监督,使得管理者能充分发挥其能力,在降低创新投入成本的同时,
提高创新效率。

　　综上所述,在不同的基金持股比例下,管理者能力对企业创新活动
会产生不同的影响。

表 3-12　管理者能力对企业创新效率的影响:机构投资者效应

变　量	IE	
	基金持股比例高组	基金持股比例低组
MA	0.181***	0.175***
	(3.95)	(3.58)
CF	−0.204**	−0.310***
	(−2.46)	(−3.67)
Soe	0.0129	0.00704
	(0.97)	(0.49)
Roa	0.00129	0.00671***
	(1.00)	(4.95)
InSize	0.00458	0.0112**
	(0.75)	(2.04)
Tobinq	0.0131***	0.0190***
	(4.86)	(5.00)
InAge	0.00215	−0.00519
	(0.12)	(−0.30)
Lev	0.000681*	0.000945***
	(1.86)	(2.88)
Laz	0.0311***	0.0464***
	(4.61)	(6.94)

续表

变　量	IE	
	基金持股比例高组	基金持股比例低组
截距项	0.257***	0.273***
	（2.87）	（3.32）
Industry	Yes	Yes
Year	Yes	Yes
LR	169.49	245.98
组间差异检验		
p 值	0.413	
N	2735	2728

注：*** 、** 、* 分别表示在 1%、5% 和 10% 的水平上显著；括号内数值表示相应的 z 值。

（2）产品市场竞争水平的调节效应

产品市场竞争是非常有效的公司外部治理机制之一。一方面，市场竞争程度较高，可以实现产品的优胜劣汰，这意味着一旦公司的产品被淘汰，管理者会面临解雇或者问责的风险。另一方面，市场竞争程度较高，则投资者可以通过行业内相关产品的质量、价格和销量等信息评估管理者的经营能力和努力程度，市场竞争程度具有业绩标杆的评估作用。因此，管理者在市场竞争程度较高的情况下往往会更加注重企业的产品创新和研发。但是在实际中，管理者也可能因为市场竞争较为激烈而无法专注于研发，无法有效地提高创新效率。因此，在不同的市场竞争情况下，管理者能力对企业创新活动产生不同的影响。

本章以市场竞争程度中值为界，分组检验管理者能力对企业创新投入和创新效率的影响。由表 3-13 可知，市场竞争程度高组，管理者能力的系数分别为 -0.0660 和 -0.0183，且在 1% 的水平上显著；而在市场竞争程度低组，管理者能力的系数分别为 -0.0862 和 -0.0253，且在 1% 的水平上显著。这说明在市场竞争激烈的行业中，各个企业为了占领市场份额,管理者不得不增大企业研发强度并希望通过开发企业创新型产品,使得企业能够在市场激烈的角逐中取胜,从而体现其能力,因此管理者能力对企业创新投入的负向影响降低。

表 3-13　管理者能力对企业创新投入的影响:市场竞争程度效应

变量	rd_in		rd_size	
	竞争度高组	竞争度低组	竞争度高组	竞争度低组
MA	−0.0660 ***	−0.0862 ***	−0.0183 ***	−0.0253 ***
	(−10.74)	(−13.33)	(−5.81)	(−9.28)
CF	−0.00673	0.0377 ***	0.00210	0.0119 **
	(−0.66)	(3.12)	(0.40)	(2.34)
Soe	0.00641 ***	0.00527 ***	0.00267 ***	0.00357 ***
	(3.89)	(2.59)	(3.17)	(4.17)
Roa	0.000462 ***	0.000775 ***	0.000339 ***	0.000586 ***
	(2.67)	(4.42)	(3.82)	(7.93)
InSize	−0.00187 ***	−0.00160 **	−0.00245 ***	−0.00235 ***
	(−2.58)	(−2.02)	(−6.60)	(−7.03)
Tobinq	0.00368 ***	0.00298 ***	0.000812 ***	0.000372 **
	(6.29)	(8.12)	(2.71)	(2.40)
InAge	−0.00528 **	−0.00397	−0.00211 *	−0.000487
	(−2.50)	(−1.55)	(−1.95)	(−0.45)
Lev	−0.000134 ***	−0.000181 ***	−3.03e−05	−1.31e−05
	(−3.08)	(−3.78)	(−1.36)	(−0.65)
Laz	0.0176 ***	0.0160 ***	−0.00202 ***	−0.00171 ***
	(20.37)	(17.31)	(−4.57)	(−4.39)
截距项	0.0436 ***	0.0165	0.0441 ***	0.0288 ***
	(5.52)	(1.51)	(10.94)	(6.23)
Industry	Yes	Yes	Yes	Yes
Year	Yes	Yes	Yes	Yes
LR	1037.96	1757.19	242.76	905.19
组间差异检验				
p 值	0.168		0.191	
N	2412	3051	2412	3051

注:*** 、** 、*分别表示在 1%、5% 和 10% 的水平上显著;括号内数值表示相应的 z 值。

由表 3-14 可知，市场竞争程度高组，管理者能力对企业创新效率 IE 的影响系数为 0.125，并在 1% 的水平上显著；市场竞争低组，管理者能力的影响系数却为 0.215，在 1% 的水平上显著。这说明市场竞争程度较高，管理者能力对企业创新投入的负向影响降低，但并不能增加企业相应的创新产出，反而使得管理者能力对企业创新效率的正向影响降低。反过来，当企业处于市场竞争度较低的行业中，管理者更加专注于企业研发费用的有效投入，从而能提高企业创新效率。

综上所述，在不同的市场竞争程度下，管理者能力对企业创新活动会产生不同的影响。

表 3-14　管理者能力对企业创新效率的影响：市场竞争程度效应

变量	IE	
	竞争度高组	竞争度低组
MA	0.125**	0.215***
	(2.32)	(5.06)
CF	−0.341***	−0.193**
	(−3.82)	(−2.44)
Soe	−0.0122	0.0328**
	(−0.85)	(2.46)
Roa	0.00367**	0.00219*
	(2.41)	(1.90)
InSize	0.0136**	0.00471
	(2.13)	(0.91)
Tobinq	0.0287***	0.0113***
	(5.60)	(4.69)
InAge	−0.0250	0.0166
	(−1.34)	(0.99)
Lev	0.000723*	0.000866***
	(1.89)	(2.76)

续表

变量	IE	
	竞争度高组	竞争度低组
Laz	0.0378***	0.0371***
	(4.99)	(6.14)
截距项	0.185***	0.245***
	(2.68)	(3.42)
Industry	Yes	Yes
Year	Yes	Yes
LR	160.51	239.14
组间差异检验		
p 值	0.146	
N	2412	3051

注:***、**、*分别表示在1%、5%和10%的水平上显著;括号内数值表示相应的 z 值。

3.5.2 内部治理结构对管理者能力与企业创新之间关系的调节效应

企业内部由代理问题引发的内部公司治理机制对技术创新有重要影响(Holmstrom,1989;Lee and O'Neil,2003;O'Connor and Rafferty,2012;鲁桐、党印,2014)。Tylecote 等(1998)指出,企业创新活动开展是在公司框架内运作的,公司内部治理结构对技术创新的决策以及利益分配具有决定性的影响。因此,在进行创新活动的过程中,内部治理结构水平对管理者能力的发挥会产生影响,良好的公司治理结构能够使管理者能力得以充分发挥,但在公司治理结构水平较差的情况下,管理者能力的发挥会受到约束。可见,不同的公司治理结构下,管理者能力对企业创新投入和效率会产生不同的影响。

本章参考张学勇和廖理（2010）、王晓珂和黄世忠（2017）等学者的研究，采用主成分分析法构建内部治理结构指数（CGI），如表 3-15 和表 3-16 所示。首先，为了消除量纲的影响，对各变量数据进行了标准化处理。其次，为检验这些指标是否适用主成分分析法，进行了 Kaiser-Meyer-Olkin 检验（以下简称 KMO 检验）以及 Bartlett 的球形检验，KMO 检验值等于 0.648，大于 0.6，而 Bartlett 的球形检验 p 值为 0.000，表明变量之间的相关性较高，适合进行主成分分析法。然后，张学勇和廖理（2010）采用第一大主成分来描述公司治理结构，但本章在进行主成分的提取时，发现第一主成分的累计贡献率只有 21.574%，信息漏损率比较大。因此，本章按照累积贡献率不低于 85% 提取主成分以保证能够保留原始数据的大部分信息，共提取了 8 个主成分，得出综合公司治理结构水平表达式。

$$CGI = 0.176 \times Zsh25 + -0.242 \times Ztr\_sh + 0.247 \times Zma\_sh +$$
$$0.276 \times Zbo\_sh + 0.151 \times Zsh\_me - 0.011 \times Zdir\_ceo +$$
$$0.117 \times Zsalary + 0.025 \times Zindepen + 0.023 \times Zboard +$$
$$0.116 \times Zbo\_me + 0.030 \times Zsupervising + 0.102 \times Zsu\_me$$

$$(3.3)$$

表 3-15　特征值以及方差贡献率

成分	初始特征值			提取平方和载入		
	合计	方差%	累积%	合计	方差%	累积%
1	2.589	21.574	21.574	2.589	21.574	21.574
2	1.792	14.932	36.506	1.792	14.932	36.506
3	1.505	12.544	49.050	1.505	12.544	49.050
4	1.065	8.872	57.922	1.065	8.872	57.922
5	0.959	7.993	65.914	0.959	7.993	65.914
6	0.842	7.017	72.932	0.842	7.017	72.932

续表

成分	初始特征值			提取平方和载入		
	合计	方差%	累积%	合计	方差%	累积%
7	0.757	6.306	79.238	0.757	6.306	79.238
8	0.675	5.626	84.864	0.675	5.626	84.864
9	0.612	5.104	89.968			
10	0.523	4.358	94.326			
11	0.438	3.652	97.978			
12	0.243	2.022	100.000			

表 3-16　主成分(特征向量)

变　量	主成分							
	1	2	3	4	5	6	7	8
Zdir_ceo	−0.434	0.075	−0.108	−0.065	0.773	0.142	0.341	−0.018
Zbo_sh	0.817	−0.032	0.254	0.010	0.081	0.104	0.211	0.047
Zma_sh	0.813	−0.056	0.258	0.036	−0.182	0.109	0.147	0.080
Zboard	−0.430	0.269	0.688	−0.139	−0.082	0.036	0.040	−0.009
Zsupervising	−0.463	0.129	0.342	0.276	−0.080	0.648	−0.213	0.229
Zsalary	−0.160	0.367	0.208	0.691	−0.145	−0.171	0.432	−0.221
Ztr_sh	−0.624	−0.009	−0.253	0.117	−0.285	−0.256	−0.116	−0.002
Zsh_me	0.166	0.727	−0.200	−0.129	−0.005	−0.074	0.023	0.433
Zbo_me	0.060	0.777	−0.237	−0.034	−0.047	−0.075	0.045	0.150
Zsu_me	0.260	0.618	−0.154	−0.161	−0.001	0.272	−0.228	−0.591
Zsh25	0.305	0.143	0.374	0.388	0.449	−0.349	−0.518	0.035
Zindepen	0.253	−0.150	−0.636	0.528	0.044	0.276	−0.070	0.068

本章参照杨兴全等(2015)、王晓珂和黄世忠(2017)的研究,将 CGI 按照均值进行高低分组。当 CGI 取值大于年度中位数时,代表公司治理结构较为合理;否则,则代表公司内部治理结构较差。对这两个组,分别检验管理者能力对企业创新投入和创新效率的影响,并进行了组

间差异检验。Belloc(2012)认为，从企业内部来看创新取决于个体是否投资于某创新项目，如何将他们的人力资本和物质资本整合到企业里，而这些均是由公司治理结构或机制决定的。公司内部治理结构对管理者形成监督和约束，良好的内部治理水平往往能够降低企业代理成本，缓解委托代理问题，往往有利于企业进行创新。

从表 3-17 可以看到，在内部治理水平高组中，管理者能力对企业创新投入 rd_in 和 rd_size 的影响系数分别为－0.0958 和－0.0287，并在 1% 的水平上显著；而在内部治理水平低组，管理者能力对企业创新投入 rd_in 和 rd_size 的影响系数分别为－0.0573 和－0.0139，并在 1% 的水平上显著。这说明公司治理水平较高的情况下，对管理者的制衡与约束机制也较为完善，使得管理者在选择创新项目和投入研发费用时也更为谨慎，从而使得管理者能力对企业创新投入的负向影响增加。

表 3-17 管理者能力对企业创新投入的影响：内部治理结构效应

变量	rd_in		rd_ size	
	内部治理水平高组	内部治理水平低组	内部治理水平高组	内部治理水平低组
MA	−0.0958***	−0.0573***	−0.0287***	−0.0139***
	(−14.65)	(−9.05)	(−9.88)	(−4.71)
CF	0.00802	0.0134*	0.00565	0.00654
	(0.67)	(1.70)	(1.06)	(1.30)
Soe	0.00963***	0.00480***	0.00294***	0.00348***
	(3.80)	(3.14)	(2.61)	(4.90)
Roa	0.000737***	0.000591***	0.000519***	0.000461***
	(3.76)	(3.76)	(5.97)	(6.30)
InSize	−0.00142*	−0.00250***	−0.00229***	−0.00272***
	(−1.69)	(−3.46)	(−6.13)	(−8.08)
Tobinq	0.00334***	0.00266***	0.000511***	0.000264
	(8.20)	(6.04)	(2.83)	(1.29)

续表

变量	rd_in		rd_size	
	内部治理 水平高组	内部治理 水平低组	内部治理 水平高组	内部治理 水平低组
lnAge	0.000231	−0.00883***	0.00106	−0.00291***
	(0.09)	(−3.76)	(0.96)	(−2.66)
Lev	−0.000224***	−0.000103**	−3.69e−05	1.00e−07
	(−4.21)	(−2.49)	(−1.56)	(0.01)
Laz	0.0173***	0.0154***	−0.00158***	−0.00223***
	(19.13)	(16.47)	(−3.94)	(−5.14)
截距项	−0.00856	0.0499***	0.0217***	0.0400***
	(−0.76)	(4.09)	(4.34)	(7.06)
Industry	Yes	Yes	Yes	Yes
Year	Yes	Yes	Yes	Yes
LR	1659.26	1103.09	700.75	470.32
组间差异检验				
p 值	0.000		0.000	
N	2756	2707	2756	2707

注：***、**、* 分别表示在 1%、5% 和 10% 的水平上显著；括号内数值表示相应的 z 值。

由表 3-18 可知，在内部治理水平高组中，管理者能力对企业创新效率 IE 的影响系数为 0.236，且在 1% 的水平上显著；而在内部治理水平低组中，管理者能力对企业创新效率 IE 的影响系数为 0.138，且在 1% 的水平上显著。这恰恰与前面管理者能力对企业创新投入的实证结果相吻合，即在内部治理水平较高的企业中，管理者能力得到充分展现的同时，管理层的决策又会受到制衡，管理者能力的发挥使得企业能够通过有效的研发投入提高企业创新效率，管理者能力对企业创新效率的正向影响增加。

综上所述，在不同的内部治理结构下，管理者能力对企业创新活动会产生不同的影响。

表 3-18 管理者能力对企业创新效率的影响:内部治理结构效应

变量	IE	
	内部治理水平高组	内部治理水平低组
MA	0.236***	0.138***
	(5.25)	(2.72)
CF	−0.232***	−0.264***
	(−2.83)	(−3.06)
Soe	0.0299*	0.00963
	(1.72)	(0.79)
Roa	0.000787	0.00481***
	(0.59)	(3.83)
lnSize	0.0238***	−0.00696
	(4.13)	(−1.21)
Tobinq	0.0151***	0.0130***
	(5.41)	(3.71)
lnAge	−0.00418	0.00625
	(−0.24)	(0.33)
Lev	−0.000246	0.00151***
	(−0.67)	(4.60)
Laz	0.0327***	0.0366***
	(5.29)	(4.91)
截距项	0.284***	0.238**
	(3.68)	(2.46)
Industry	Yes	Yes
Year	Yes	Yes
LR	239.86	166.72
组间差异检验		
p 值	0.079	
N	2756	2707

注:***、**、*分别表示在 1%、5% 和 10% 的水平上显著;括号内数值表示相应的 z 值。

3.6　管理者能力对企业创新的影响机制

3.6.1 信息透明度作为中介机制的理论分析

上述实证检验了管理者能力显著地负向影响企业创新投入,显著地正向影响企业创新效率,得出了能力较高的管理者更加注重有效地投入研发费用的结论。那么管理者能力是通过何种中介机制影响企业创新的? 本章认为管理者能力通过提高公司的信息透明度,进而促进创新投入的有效配置来提高创新效率(Zhong and Rong,2018)。

首先,从管理者能力对信息透明度的影响而言,一方面,管理者作为企业重要的决策者和执行者,有义务向投资者以及市场披露有关于企业的重要决策,而企业创新项目的开展往往是企业至关重要的决策,且管理者在法律许可范围内,对信息披露内容和披露时机拥有一定的选择权(潘越 等,2011)。而管理者能力的体现在于任职期间公司的业绩,因此,能力较强的管理者为了体现自身的价值会更愿意将公司信息更有效地向资本市场传递,缓解公司与外部投资者之间的信息不对称性;另一方面,管理者能力越强,越注重行业内的声誉和投资者间的口碑,出于声誉的维护,能力较强的管理者会更加可靠地披露企业的重要决策信息。因此,管理者能力越强,向市场披露可靠信息的动机越强,信息透明度就越高。

其次,就信息透明度与企业创新的关联度而言,信息透明度高的情况下,投资者与市场的监测可以进一步抑制企业研发资金管理分配的不当或削减管理者谋取私人利益的动机，减少研发资金的随意投入。另外，信息透明度高，还可以帮助管理者选择有价值的研发项目，并且能够在实施过程中加以约束，提高企业的资源配置效率。因此，信息透明度越高，管理者越注重有效的研发投入。

综上所述，能力越强的管理者越能够通过提高信息透明度来促进创新投入的有效配置，从而提高创新效率。

3.6.2 信息透明度作为中介机制的实证检验

本章参照了 Hutton 等（2009）的单个盈余管理程度衡量企业信息透明度指标。由于操控性应计项目是目前广泛运用的企业盈余管理衡量指标，因此本章从操纵性应计项目估计角度进行衡量。因为当企业的操纵性应计项目波动越大且绝对值持续性较高时，企业很有可能操纵盈余，信息越不透明（王亚平 等，2009）。具体步骤如下：

（1）利用分行业和年度的修正 Jones 模型（Dechow et al.，1995）计算出可操纵性总应计利润。操纵性总应计利润计算如下：

首先，分行业分年度对以下模型（3.4）进行回归，并求出其回归系数：

$$\frac{\text{TAC}_{i,t}}{\text{Assets}_{i,t-1}} = \omega_0 \frac{1}{\text{Assets}_{i,t-1}} - \omega_1 \frac{\Delta\text{Sales}_{i,t}}{\text{Assets}_{i,t-1}} + \omega_2 \frac{\text{PPE}_{i,t}}{\text{Assets}_{i,t-1}} + \varepsilon_{i,t}$$

$$(3.4)$$

其中，TAC 为总应计利润，即企业营业利润与经营活动所产生的净现金流量的差额；Assets 为企业总资产规模；ΔSales 为主营业务收入增加额，即当年主营业务收入减去上年主营业务收入；PPE 为企业年末的固定资产总额。

其次,将上述模型的回归系数代入模型(3.5),求出可操纵性总应计利润 $DTAC_{i,t}$。

$$DTAC_{i,t} = \frac{TAC_{i,t}}{Assets_{i,t-1}} - \hat{\omega}_0 \frac{1}{Assets_{i,t-1}} - \hat{\omega}_1 \frac{\Delta Sales_{i,t} - \Delta REC_{i,t}}{Assets_{i,t-1}} -$$

$$\hat{\omega}_2 \frac{PPE_{i,t}}{Assets_{i,t-1}} \tag{3.5}$$

其中,ΔREC 为应收账款增加额,即当年应收账款总额减去上年应收账款。其余变量的衡量均与模型(3.4)变量一致。

(2)采用前三期的可操纵性总应计利润的绝对值加总得出企业的信息透明度 Absacc。

$$Absacc_{i,t} = ABS(DTAC_{i,t-1}) + ABS(DTAC_{i,t-2}) +$$

$$ABS(DTAC_{i,t-3}) \tag{3.6}$$

其中,$ABS(DTAC_{i,t-1})$ 表示 i 企业 $t-1$ 期的可操纵性总应计利润的绝对值。一般来说,该值越大,则表明信息透明度越低。

将信息透明度按照中位数进行高低分组,分别分为信息透明度高组和信息透明度低组,并进行组间差异检验。实证结果如表 3-19 所示,信息透明度高组中,管理者能力对企业创新投入 rd_in 和 rd_size 的影响系数分别为 -0.0854 和 -0.0238,并在 1% 的水平上显著;而信息透明度低组中,管理者能力对企业创新投入 rd_in 和 rd_size 的影响系数分别为 -0.0676 和 -0.0199,并在 1% 的水平上显著。此外,本部分也采用 fisher 方法检验了组间系数的差异,结果显示,两组的系数分别在 5% 和 10% 的水平上存在显著差异。这说明管理者能力越高,信息透明度越高,管理者在开展创新活动时越受到约束,越注重有效的研发投入。

由表 3-20 可知,信息透明度高组中,管理者能力对企业创新效率

IE 的影响系数为 0.183,并在 1% 的水平上显著;而信息透明度低组中,管理者能力对企业创新效率 IE 的影响系数为 0.161,并在 1% 的水平上显著,这说明管理者能力越高,信息透明度越高,越能提高资源的有效配置,企业创新效率越高。

表 3-19 管理者能力对企业创新投入的影响机制检验:信息透明度

变量	rd_in		rd_size	
	信息透明度高组	信息透明度低组	信息透明度高组	信息透明度低组
MA	-0.0854^{***}	-0.0676^{***}	-0.0238^{***}	-0.0199^{***}
	(-12.53)	(-11.02)	(-7.81)	(-7.02)
CF	-0.0136	0.0229^{**}	-0.00758	0.0103^{**}
	(-0.75)	(2.53)	(-0.93)	(2.47)
Soe	0.00270	0.00867^{***}	0.00205^{**}	0.00421^{***}
	(1.41)	(4.68)	(2.40)	(4.93)
Roa	0.000731^{***}	0.000767^{***}	0.000678^{***}	0.000441^{***}
	(3.36)	(4.92)	(6.97)	(6.14)
InSize	-0.000230	-0.00315^{***}	-0.00178^{***}	-0.00301^{***}
	(-0.29)	(-4.17)	(-5.01)	(-8.65)
Tobinq	0.00454^{***}	0.00192^{***}	0.000851^{***}	$7.08e-05$
	(10.01)	(4.96)	(4.20)	(0.40)
InAge	-0.00384	-0.00563^{**}	-0.000843	-0.00159
	(-1.53)	(-2.46)	(-0.75)	(-1.51)
Lev	-0.000139^{***}	-0.000158^{***}	$2.54e-07$	$-3.14e-05$
	(-2.79)	(-3.55)	(0.01)	(-1.53)
Laz	0.0187^{***}	0.0150^{***}	-0.00134^{***}	-0.00219^{***}
	(18.94)	(17.71)	(-3.03)	(-5.62)
截距项	0.000498	0.0349^{***}	0.0218^{***}	0.0384^{***}
	(0.04)	(3.27)	(3.82)	(7.80)
Industry	Yes	Yes	Yes	Yes

续表

变量	rd_in		rd_size	
	信息透明度高组	信息透明度低组	信息透明度高组	信息透明度低组
Year	Yes	Yes	Yes	Yes
LR	1546.41	1420.43	610.14	607.31
组间差异检验				
p 值	0.033		0.069	
N	2732	2731	2732	2731

注：***、**、* 分别表示在 1%、5% 和 10% 的水平上显著；括号内数值表示相应的 z 值。

表 3-20　管理者能力对企业创新效率的影响机制检验：信息透明度

变　量	IE	
	信息透明度高组	信息透明度低组
MA	0.183***	0.161***
	(3.81)	(3.40)
CF	−0.262**	−0.235***
	(−2.05)	(−3.36)
Soe	0.00533	0.0170
	(0.40)	(1.19)
Roa	0.00274*	0.00367***
	(1.79)	(3.05)
InSize	0.0130**	0.00350
	(2.32)	(0.60)
Tobinq	0.0140***	0.0140***
	(4.37)	(4.70)
InAge	0.00126	−0.0107
	(0.07)	(−0.61)
Lev	0.000488	0.000896***
	(1.39)	(2.62)

续表

变 量	IE	
	信息透明度 高组	信息透明度 低组
Laz	0.0250***	0.0489***
	(3.58)	(7.51)
截距项	0.267***	0.290***
	(2.98)	(3.53)
Industry	Yes	Yes
Year	Yes	Yes
LR	111.24	271.74
组间差异检验		
p 值	0.372	
N	2732	2731

注：***、**、*分别表示在1%、5%和10%的水平上显著；括号内数值表示相应的 z 值。

3.7　稳健性检验

3.7.1 被解释变量的替换：创新投入和创新效率

在前述部分中，企业创新投入（IIp）通过研发支出占企业总资产的比重（rd_size）以及研发支出占企业营业收入的比重（rd_in）来衡量，而企业创新效率（IE）则根据投入产出采用了超效率 DEA 模型计算得出。为了考察以上实证结果的稳健性，我们对被解释变量进行了替换，并对主回归模型再次进行 Tobit 回归。

对于创新投入的替换，为了克服研发支出占企业总资产的比重（rd

_size)以及研发支出占企业营业收入的比重(rd_in)的非正态分布问题,参照李常青等(2018)的研究,本章对 rd_size 和 rd_in 进行对数化处理后得到 lnrd_size 和 lnrd_in,作为企业创新投入水平的另外一种度量。此外,本章参照鲁桐和党印(2014)的变量替换方法,将创新投入(IIp)替换为人均研发支出强度(年度研发费用与员工人数的比值取对数,即 lnrd_sta)。

对于创新效率的替换,研发投入并不一定能在当年就有一定的创新成果,这说明研发成果的取得具有滞后性。此外,专利申请数虽然可以表明企业已经取得的一定的研发成果,但是专利是否予以承认或者是否合法仍然需要以专利授权数为标准,因此参照姚立杰和周颖(2018)的研究,本章选用专利申请数量与当年以及前一年的研发支出之和的比值(IE1)、专利申请数量与当年以及前两年研发支出之和的比值(IE2),并且以专利授权数量与专利申请数量的比值(pt_apply)为辅助作为另一创新效率指标。

具体变量替换以及计算方法如表 3-21 所示,并且对连续变量存在极端值的,进行 1% 的缩尾处理,然后进行 Tobit 回归模型分析。

表 3-21　被解释变量具体替换方式

一级变量	二级变量	变量具体指标计算
创新投入替换 变量	lnrd_size	Ln(研发费用/总资产+1)
	lnrd_in	Ln(研发费用/营业收入+1)
	lnrd_sta	Ln(研发费用/员工人数+1)
创新效率替换 变量	pt_apply	专利授权数量与专利申请数的比值
	IE1	专利申请数量与当年及前一年研发支出之和的比值
	IE2	专利申请数量与当年及前两年研发支出之和的比值

创新投入变量替换以后的主要实证结果如表 3-22 所示。

由表 3-22 可知,管理者能力对创新投入 lnrd_in 以及 lnrd_size 的系数分别为−0.071 和−0.0233，并在 1% 的水平上显著，这与在前面部分的结果保持一致。管理者能力对创新投入 lnrd_sta 的系数为−0.639，且在 1% 的水平上显著，说明以人均研发费用来度量企业创新投入时，管理者能力仍是负向影响企业创新投入。

表 3-22　创新投入变量替换以后的稳健性检验结果

变量	(1) lnrd_in	(2) lnrd_size	(3) lnrd_sta
MA	−0.0710***	−0.0233***	−0.639***
	(−18.09)	(−12.82)	(−5.06)
CF	0.0197***	0.00776**	−0.461**
	(2.97)	(2.54)	(−2.16)
Soe	0.00474***	0.00263***	0.0988***
	(4.32)	(5.18)	(2.79)
Roa	0.000576***	0.000476***	0.0387***
	(5.63)	(10.06)	(11.75)
InSize	−0.00188***	−0.00233***	0.0263*
	(−4.15)	(−11.15)	(1.81)
Tobinq	0.00249***	0.000544***	0.0272***
	(9.36)	(4.41)	(3.17)
InAge	−0.00503***	−0.00192***	−0.295***
	(−3.53)	(−2.91)	(−6.44)
Lev	−0.000158***	−2.43e−05*	−0.00503***
	(−5.74)	(−1.91)	(−5.69)
Laz	0.0165***	−0.00196***	0.189***
	(28.70)	(−7.38)	(10.24)
截距项	0.0110	0.0242***	8.675***
	(1.58)	(7.49)	(38.53)
Industry	Yes	Yes	Yes
Year	Yes	Yes	Yes

续表

变量	(1) lnrd_in	(2) lnrd_size	(3) lnrd_sta
LR	3498.5	1636.94	1980.5
N	7631	7631	7631

注：***、**、*分别表示在 1％、5％和 10％的水平上显著；括号内的数值表示相应的 z 值。

创新效率变量替换以后的主要实证结果如表 3-23 所示。

由表 3-23 可知，创新效率的替换变量中，管理者能力对创新效率的影响因素分别为 0.121、0.432 以及 0.387，且在 1％的水平上显著，这与前面的实证结果同样保持一致。其中，管理者能力对专利授权数量与专利申请数比值（pt_apply）的影响系数为 0.121，且在 1％的水平上显著。这也说明了无论用专利申请数还是用专利授权数作为创新效率的产出指标，管理者能力都正向影响企业创新效率。

表 3-23　创新效率变量替换以后的稳健性检验结果

变量	(1) pt_apply	(2) IE1	(3) IE2
MA	0.121 ***	0.432 ***	0.387 ***
	(4.94)	(4.25)	(5.67)
CF	−0.0631	−0.0840	−0.146
	(−1.53)	(−0.49)	(−1.27)
Soe	−0.0325 ***	0.0694 **	0.0434 **
	(−4.75)	(2.44)	(2.27)
Roa	−0.00264 ***	−0.00357	−0.00176
	(−4.15)	(−1.35)	(−0.99)
InSize	−0.0195 ***	−0.0993 ***	−0.0654 ***
	(−6.94)	(−8.49)	(−8.33)
Tobinq	−0.00899 ***	0.00522	0.00766 *
	(−5.42)	(0.76)	(1.66)

续表

变量	(1) pt_apply	(2) IE1	(3) IE2
InAge	−0.0328***	0.0971***	0.0683***
	(−3.69)	(2.63)	(2.76)
Lev	0.000165	0.00455***	0.00325***
	(0.96)	(6.40)	(6.81)
Laz	−0.00699*	0.0450***	0.0293***
	(−1.96)	(3.03)	(2.94)
截距项	1.109***	1.312***	0.819***
	(25.48)	(7.25)	(6.74)
Industry	Yes	Yes	Yes
Year	Yes	Yes	Yes
LR	1387.67	526.46	520.04
N	7631	7631	7631

注：***、**、*分别表示在1％、5％和10％的水平上显著；括号内的数值表示相应的 z 值。

3.7.2 解释变量的替换——管理者能力

主回归分析中管理者能力指标的衡量是通过 DEA-Tobit 模型进行的，这可能会受到样本分布的影响。因此，在稳健性检验中，我们参照何威风和刘巍（2015）的做法，将管理者能力划分为十等分进行再次回归，回归结果如表 3-24 所示。

从表 3-24 可知，管理者能力对企业创新投入 rd_in 和 rd_size 的影响系数分别为−0.00266 以及−0.000731，并在 1％的水平上显著，即管理者能力显著地负向影响企业创新投入；虽然系数值由于管理者能力数值进行了十等分而发生变化，但仍然显著为负，与上文的实证结果相一致。

管理者能力对企业创新效率 IE 的影响系数为 0.00676,并在 1% 的水平上显著,即管理者能力正向影响企业创新效率,与上文实证结果保持一致,这也进一步验证了姚立杰和周颖(2018)的实证结果。

表 3-24　解释变量替换后的稳健性检验

变量	(1) rd_in	(2) rd_size	(3) IE
MA	−0.00266***	−0.000731***	0.00676***
	(−15.41)	(−9.37)	(5.35)
CF	0.0194**	0.00778**	−0.261***
	(2.39)	(2.13)	(−4.40)
Soe	0.00565***	0.00307***	0.0124
	(4.22)	(5.08)	(1.27)
Roa	0.000553***	0.000460***	0.00347***
	(4.47)	(8.23)	(3.83)
lnSize	−0.00170***	−0.00240***	0.00725*
	(−3.10)	(−9.71)	(1.81)
Tobinq	0.00300***	0.000382***	0.0139***
	(10.13)	(2.86)	(6.40)
lnAge	−0.00460***	−0.00126*	−0.00460
	(−2.71)	(−1.65)	(−0.37)
Lev	−0.000175***	−2.63e−05*	0.000737***
	(−5.29)	(−1.76)	(3.04)
Laz	0.0169***	−0.00172***	0.0375***
	(26.22)	(−5.90)	(7.96)
截距项	0.0340***	0.0353***	0.247***
	(4.13)	(9.51)	(4.10)
Industry	Yes	Yes	Yes
Year	Yes	Yes	Yes
LR	2853.95	1148.33	366.84
N	5463	5463	5463

注:***、**、*分别表示在 1%、5% 和 10% 的水平上显著;括号内的数值表示相应的 z 值。

3.7.3 回归方法的替换

为了证明结果的稳健性,本章在控制行业和年份的基础上,用混合回归法进行再次回归,回归结果如表 3-25 所示。从表 3-25 可看到,管理者能力对其创新投入 rd_in 和 rc_size 均为非常显著的负向影响,对创新效率 IE 为非常显著的正向影响,且影响系数也非常接近,与上文采用 Tobit 回归模型得出的实证结果相一致。

表 3-25 采用混合回归方法的稳健性检验结果

变量	(1) rd_in	(2) rd_size	(3) IE
MA	-0.0779^{***}	-0.0221^{***}	0.177^{***}
	(-12.58)	(-9.36)	(4.70)
CF	0.0174^{**}	0.00719^{*}	-0.254^{***}
	(2.10)	(1.86)	(-3.88)
Soe	0.00587^{***}	0.00314^{***}	0.0122
	(4.10)	(4.76)	(1.13)
Roa	0.000660^{***}	0.000496^{***}	0.00312^{***}
	(4.46)	(8.09)	(3.24)
InSize	-0.00182^{***}	-0.00245^{***}	0.00690
	(-3.42)	(-10.41)	(1.37)
Tobinq	0.00303^{***}	0.000390^{**}	0.0140^{***}
	(5.30)	(2.21)	(5.28)
InAge	-0.00491^{***}	-0.00135^{*}	-0.00310
	(-3.00)	(-1.87)	(-0.23)
Lev	-0.000166^{***}	$-2.29e-05$	0.000712^{***}
	(-4.92)	(-1.63)	(2.90)

续表

变量	(1) rd_in	(2) rd_size	(3) IE
Laz	0.0165***	−0.00183***	0.0377***
	(16.27)	(−6.76)	(7.76)
截距项	0.0184**	0.0310***	0.287***
	(2.51)	(10.59)	(4.71)
Industry	Yes	Yes	Yes
Year	Yes	Yes	Yes
R-squared	0.413	0.194	0.068
N	5463	5463	5463

注：***、**、*分别表示在1％、5％和10％的水平上显著；括号内的数值表示相应的 t 值。

本章也报告了采用固定效应模型和随机效应模型下管理者能力对企业创新投入和创新效率的影响，回归结果如表3-26和表3-27所示。从这两个表可以看到，除了固定效应模型中管理者能力对创新投入 rd_size 的影响不显著外，其余均与上文的实证结果相一致，进一步验证了结果的稳健性。

表 3-26　采用固定效应模型的稳健性检验结果

变量	(1) rd_in	(2) rd_size	(3) IE
MA	−0.0160***	0.00247	0.128**
	(−3.21)	(0.74)	(2.23)
CF	−0.00682	−0.000953	0.0365
	(−1.23)	(−0.26)	(0.57)
Soe	0.00152	0.00383**	−0.0344
	(0.63)	(2.38)	(−1.24)
Roa	0.000378***	0.000152**	0.00449***
	(3.38)	(2.04)	(3.51)

续表

变量	(1) rd_in	(2) rd_size	(3) IE
InSize	−0.000574	−0.00207**	−0.0715***
	(−0.43)	(−2.34)	(−4.72)
Tobinq	−0.000583**	−0.000118	0.00583**
	(−2.46)	(−0.75)	(2.15)
InAge	−0.0287***	−0.00916	−0.0592
	(−2.72)	(−1.30)	(−0.49)
Lev	−0.000251***	−2.29e−05	0.00141***
	(−5.97)	(−0.82)	(2.93)
Laz	−0.000364	−0.00118**	0.0618***
	(−0.45)	(−2.20)	(6.67)
截距项	0.131***	0.0610***	0.927***
	(4.58)	(3.19)	(2.83)
Industry	Yes	Yes	Yes
Year	Yes	Yes	Yes
R-squared	0.032	0.011	0.062
N	5463	5463	5463

注：*** 、** 、* 分别表示在 1%、5% 和 10% 的水平上显著，括号内的数值表示相应的 t 值。

表 3-27　采用随机效应模型的稳健性检验结果

变量	(1) rd_in	(2) rd_size	(3) IE
MA	−0.0350***	−0.0132***	0.156***
	(−4.85)	(−5.02)	(3.28)
CF	−0.00634	0.00309	−0.0808
	(−1.09)	(0.95)	(−1.24)
Soe	0.00323**	0.00319***	0.00649
	(2.11)	(3.63)	(0.50)

续表

变量	(1) rd_in	(2) rd_size	(3) IE
Roa	0.000601***	0.000374***	0.00316***
	(3.84)	(6.08)	(3.04)
lnSize	-0.00316***	-0.00222***	-0.00344
	(-2.93)	(-7.04)	(-0.52)
Tobinq	0.000596	0.000124	0.00969***
	(0.95)	(0.67)	(3.30)
lnAge	-0.00863***	-0.00135	0.00289
	(-3.19)	(-1.34)	(0.15)
Lev	-0.000245***	$-3.92e-05$**	0.000948***
	(-5.09)	(-2.34)	(3.03)
Laz	0.00671***	-0.00154***	0.0457***
	(4.35)	(-4.56)	(7.26)
截距项	0.0606***	0.0303***	0.358***
	(5.35)	(7.95)	(4.09)
Industry	Yes	Yes	Yes
Year	Yes	Yes	Yes
R-squared	0.3693	0.1894	0.0632
N	5463	5463	5463

注：***、**、*分别表示在1%、5%和10%的水平上显著,括号内数值表示相应的 t 值。

4 管理者能力对过度投资的影响： 调节效应及作用机制

4.1 管理者能力对过度投资的影响研究概述

有效投资是公司保持稳健发展的重要基础。然而，近年来我国上市公司的非效率投资问题严重，而导致该现象的一个重要原因就是企业的过度投资行为。传统的委托代理理论认为，过度投资产生的根源在于股东所有权和经营权分离所形成的委托代理关系，造成的危害巨大，比如造成代理成本的增加、股价的高估（Bleck and Liu，2007；Benmelech et al.，2010）以及崩盘（江轩宇、许年行，2015）。因此，过度投资一直是学术界关注的焦点问题。

已有的研究主要从董事会结构、持股比例和股权激励等内部治理机制和对外融资、政府控制等外部治理机制对企业的过度投资问题进行深入的研究，但较少从管理者的角度来研究。而实际中，管理者对企业绩效和投资决策、高管薪酬、公司治理的贡献等具有重要的影响。一方面，管理者影响着企业投资的规模、方向及方案的选择，因此其对资产的管理和运用能力无疑会影响企业的融资能力和投资效率；另一方面,高能力的管理者能够更好地理解行业趋势,更准确地预测产品的需求,并投资于更多能创造价值的项目,从而会大大抑制企业过度投资的行为。

然而,长期以来,由于计量困难和其他数据的限制,管理者能力与过度投资之间的关系一直不明确。因此,本书在经济全球化以及中国进一步深化改革的大背景下,研究作为企业管理核心的管理者,他们的能力高低对企业过度投资会产生怎样的影响以及两者之间存在哪些调节效应。这一研究对于企业更高效地创造价值与可持续发展具有重要的现实意义。

4.2　理论分析与研究假设

4.2.1 现有关于过度投资的影响因素的研究

(1)管理者代理

Jensen(1999)从管理者利己角度出发,认为由于经营权与所有权分离、信息不对称以及监控成本的存在,自由现金流处于管理者的控制之下,管理者可能将自由现金流投入能够为其带来私人收益的非盈利项目,从而导致过度投资。Stulz(1990)与Zwiebel(1996)提出的商业帝国假说认为,管理者扩张企业规模、构建商业帝国的动机将导致公司过度投资。一方面,规模扩张的企业,管理层升迁机会更多,能够掌握更多的资源来建立商业王国,其社会地位及所获得的各种收入也较高;另一方面,企业规模扩张往往引起管理者薪酬的提高(Bebchuk and Grinstein,2005)。此外,在薪酬受到约束的情况下,在职消费将成为管理者的替代性选择(陈冬华 等,2005),此时,管理者倾向于获得更多的在职消费来弥补薪酬的不足,而过度的投资为获取更多的在职消费提供了便利。以上研究结果都表明,管理者促使公司进行过度投资,主要是因为过度投资将会为管理者带来私有的收益。

(2)管理者过度自信

随着心理学关于人们过度自信行为研究成果的不断出现,很多学者开始关注公司管理者的过度自信行为可能对公司决策产生的影响。Roll(1986)首次提出管理者自大假说来解释为什么许多并购活动在事后会破坏企业价值。随后,Malmer.dier 和 Tate(2005)从管理者情绪视角出发,发现管理者过度自信将促使公司现金流过度投资。Cooper 等(2006)的研究表明,管理者常会高估其投资项目成功的概率。肖峰雷等(2011)发现公司高管过度自信对公司投资支出影响显著。花贵如等(2011)研究发现,管理者乐观或过度自信是投资者情绪影响企业投资行为的中介渠道。Kim 等(2016)发现,管理者过度自信会导致企业的过度投资,进而引发崩盘风险。上述文献均验证了管理者过度自信将会导致企业的过度投资。

(3)公司治理机制

公司治理机制旨在通过一系列的制度安排保护外部投资者利益不受内部管理者侵害。它主要是通过缓解代理问题来实现对公司过度投资的抑制作用。Richardson(2006)对公司的治理结构与公司自由现金流的投资之间关系的检验发现,有投东参与的公司治理结构能够降低公司过度投资。俞红海等(2010)发现,股权集中、控股股东的存在会导致公司过度投资,控股股东控制权与现金流权的分离进一步加剧了这一影响;同时,他们还发现公司外部治理环境的完善可以有效抑制过度投资。张会丽和陆正飞（2012）发现，公司内部治理机制的改善可以有效降低下级控制链上的多重代理成本，进而抑制过度投资的发生。Pawlina 和 Renneboog（2005）研究认为，公司治理机制的完善，如机构投资者的引入，可以有效缓解企业过度投资行为。李云鹤和李湛（2012）进一步通过建立企业生命周期的划分指标，发现不同公司治理机制的治理效果随企业生命周期发生变化，其中董事长总经理兼任在成长阶段能够有效抑制公司过度投资，成长阶段的公司监事会能够对代理行为导致的过度投资起到显著的监督作用，而董事长总经理兼任则显著加剧代理行为引致的过度投资。综上所述，公司的治理结构越完善，发生过度投资的概率就越低。

（4）融资约束

Stiglitz 和 Weiss（1981）、Greenwald（1984）以及 Myers 和 Majluf（2001）等研究指出，公司与资金提供者之间的信息不对称问题会导致资本市场存在摩擦，获取外部资金的成本往往比内部资金更高，从而导致公司的融资约束问题。Laporta 等（2015）指出，在新兴经济国家，由于投资者保护力度不足、金融中介机构的缺乏，往往导致企业不能从银行获得贷款或从资本市场上进行权益融资，企业因此面临严重的融资约束问题。王廖超（2009）针对中国的制度背景，通过构建融资约束的分析框架，实证发现融资约束是影响企业财务政策的重要因素：当存在超额持有现金的情况时，融资无约束的企业更容易发生过度投资。

（5）自由现金流

一般而言，企业的过度投资都是发生在企业资源相对丰富时，如果企业没有可供自由支配的现金，那么各种因素的发生都将受到影响和限制。Fazzari 等（1988）从企业融资与投资相互影响的角度指出，企业投资现金流敏感性是受到融资约束所致。

在市场不完全的条件下，由于信息问题和代理问题，企业的投资支出将深受公司自由资金的影响（Stein，2001）。自 Fazzari 等（1988）以来，大量经验研究均发现公司的内部现金流量是企业投资的一个重要决定因素。当企业内部持有丰富的现金资产时，过度投资在所难免（Stulz，1990；Jensen，1999）。Richardson（2006）进一步证实了在1988—2002 年，美国的非金融类上市公司平均有 20％的自由现金流被用于过度投资；企业内部的自由现金流越高，则企业越可能发生过度投资，或过度投资的水平越高。

在我国，已有文献研究也表明企业的自由现金流越高，企业内部的投资效率越低，过度投资越严重。杨华军和胡奕明（2007）的研究表明我国上市公司存在显著的自由现金流的过度投资行为，地方政府的控制和干预行为显著加剧了自由现金流的过度投资，他们同时发现金融发展水平有助于降低自由现金流的过度投资。钟海燕等（2010）实证检验了国有控股类别和金字塔层级对自由现金流过度投资的影响，发现国有企业受政府行政干预越强，则其整体过度投资水平越低。俞红海等（2010）也通过实证发现，公司自由现金流水平越高，过度投资越严重。由上可见，企业自由现金流持有水平显著影响过度投资行为。

现有研究主要集中在管理者代理、管理者过度自信、公司治理因素、融资约束与自由现金流因素等角度，较少从管理者能力出发细化研究其对企业过度投资的影响。因此，本章利用 Demerjian 等（2012）开发的新的度量管理者能力的方法和 Richardson 的预期投资模型，重点研究我国沪深 A 股上市企业的管理者能力对过度投资的影响，并进一步研究哪些调节变量会影响两者之间的关系。

4.2.2 管理者能力对过度投资的影响分析

代理问题是影响企业投资效率的一个重要因素（Stein，2001）。Jensen（1986,1993）提出，企业的资本投资会因为代理问题而导致过度投资。根据 Stulz（1990）与 Zwiebel（1996）提出的商业帝国假说，管理者扩张企业规模、构建商业帝国的动机将导致过度投资。辛清泉等（2007）通过对我国 2000—2004 年上市公司的数据分析发现，当企业无法对管理者的工作和才能作出补偿和激励时，管理者为了获取私人利益而投资于净现值为负的项目（即企业过度投资），损害了股东的财富。

高能力的管理者更有可能缓解代理问题产生的过度投资。在现实中，企业的管理者常会处于各种难以预料的环境下，他们必须利用已有信息做出复杂的决策，在这个过程中，会受到他们异质性特征的影响，如经验、学历和价值观等等。但是，这些异质性特征并非直接对企业的决策产生影响，而是转化为管理者能力间接影响企业的行为。现有研究表明，在处理企业日常事务中，高能力的管理者会更有效率，并且能够投资于更多具有高净现值的项目（Francis 等，2013）。Demerjian 等（2012）提出，高能力的管理者能够更加了解企业内外部环境的情况，更好地整合信息，最终得到对企业未来发展的准确估计，从而做出更有效的决策。张敦力和江新峰（2015）通过实证研究发现，随着管理者薪酬公平程度的提高，管理者能力对企业投资的羊群效应存在更加显著的抑制作用。何威风和刘巍（2015）也指出，高能力的管理者具有更多的社会资源和学习能力，这些优势能够降低企业获取信息的成本，更有效地调动资源，提升管理者对市场的预判能力和把控风险的能力，最终更有利于企业的投资。基于以上分析，提出如下假设。

假设 4-1：高能力的管理者能够显著抑制企业过度投资行为。

4.2.3 董事会规模对上述影响的调节效应分析

董事会是公司最重要的决策机构，是公司内部治理的核心。一般来说，首先，公司重大投资决策的制定与董事会密切相关（Bhagat et al.，2008），而且，高效独立的董事会能够缓解代理问题、选择合适的管理者、制定科学的战略。董事会规模反映了企业各个利益团体的代表性，影响董事会监督功能的有效发挥。已有研究表明，具有大规模董事会的企业，其决策更民主（Lynall et al.，2003）。董事会规模越大，其整体所具有的专业知识会更加丰富，更能够为管理层做出科学合理的决策，也能为投资决策提出多角度的建议，从而对管理者发挥正面的监督效果。

其次，董事会的社会资本能够为企业与外部组织之间的有效沟通搭建桥梁。存在相关商业或政治联系的董事，其本身就提供了一种信息沟通的渠道。董事会成员所具有的政治关联有利于促进政府与企业之间的沟通和交流（Maere et al.，2014），为企业在政府优惠政策、资金扶持、贷款服务等方面争取到更多的便利（谢家智 等，2014；李维安 等，2015）。另外，董事会成员具有的银行背景会更有利于提高银行对企业的了解程度，从而有助于企业获得贷款（刘浩 等，2012）。公司董事会规模越大，形成公司决策所依据的社会资本也更加庞大，能够提供更多好的投资机会，有助于做出合理的投资决策。基于以上分析，提出如下假设。

假设 4-2：董事会规模越大，高能力的管理者越能够抑制企业的过度投资行为。

4.2.4 股权激励对上述影响的调节效应分析

现代企业理论提出,期权或股权激励能够有效减少代理冲突与代理成本。在规模较大的上市企业中,高管的期权或股权激励越来越受到重视,因为期权或股权激励将管理者与所有者的利益联结为一体。管理者得到一定比例的期权或股权后,与所有者利益共享、风险共担,避免了管理者为追求自身利益而损害公司长远发展的行为,从而能够有效降低代理成本。苏坤(2015)发现股权激励能够促使管理者更加注重公司的长远利益,减少代理冲突,从而充分利用投资机会,提高资本的配置效率。

期权或股权激励作为一种长期激励的机制,能够显著影响管理者的投资决策。Murphy(1999)发现成长机会较多的企业,会利用股权激励,促使管理者选择能够为企业带来盈利的项目。Lazear(2003)也发现,股权激励可以促使有投资决策权力的管理者选择那些 NPV 为正的项目。吕长江和张海平(2011)发现,相对于没有股权激励机制的企业,有股权激励方案的企业管理层会意识到公司当前的投资是否成功,会直接影响未来业绩增长的潜力,从而大大抑制过度投资行为。

此外,期权或股权激励能提高管理者最大化企业价值的积极性,促使其更加谨慎地选择投资项目进行投资决策,激发其努力发掘有增长潜力的投资机会,为实现未来更好的业绩增长而摒弃净现值小于 0 的投资,从而能够抑制过度投资的发生。

基于以上分析,提出如下假设。

假设 4-3:管理者具有期权或股权激励时,其能力越高,越能够抑制企业的过度投资行为。

4.2.5 机构投资者对上述影响的调节效应分析

经过长期的发展，以证券投资基金为代表的机构投资者已成为我国证券市场的重要参与力量。目前，我国机构投资者的种类已涵盖基金投资者、合格境外机构投资者和保险公司等类型。相对于个人投资者而言，机构投资者更有动力和能力对其持股公司的管理层进行监督，提高投资的效率（Black，1992；Gillan and Starks，2000；王琨、肖星，2005）。

首先，机构投资者的投资资本都是从资金持有人手中募集得来的，一旦投资的收益较低，就会面临资金赎回的压力，这种机制能够有效约束机构投资者，使其有动力监督公司管理层的投资行为，更有效地参与到上市公司治理中来，在一定程度上减少了代理冲突，以实现股东利益最大化（Shleifer and Vishny，1986；Gillan and Starks，2000；王琨、肖星，2005）。

其次，机构投资者一般具有规模优势，持股比例相对较大，使其能够通过拥有足够的投票权对管理层施加压力，能够增强管理层最大化股东利益的倾向，防止管理层为谋取私利而出现过度投资的行为（刘昌国，2015）。

最后，机构投资者作为具有高度专业性的投资机构，拥有专业的财务分析人员，在信息搜集、数据处理和投资运作等方面都具有一定的优势（Callen and Fang，2013），可在投资项目的评估与抉择时，提出专业建议，防止公司投资于 NPV 为负的投资项目，从而抑制过度投资。基于以上分析，提出如下假设。

假设 4-4：机构投资者持股比例越高，高能力的管理者越能够抑制企业的过度投资行为。

4.2.6 信息透明度对上述影响的调节效应分析

由于信息不对称这一市场缺陷的存在,管理者可能会为了私人利益而投资于净现值为负的项目,从而导致过度投资。而信息不对称程度越低,越有利于抑制企业的过度投资行为,提高企业投资效率。众多研究证实了上面的结论。Verdi(2005)发现良好的信息环境能够缓解投资者与管理者、大股东和中小股东之间的信息不对称程度,降低股权融资成本,进而提高投资效率。Biddle 和 Hilary(2006)使用 34 个国家的数据构建了会计信息透明度指标,发现透明度高的会计盈余能够抑制企业过度投资。李延喜等(2015)发现公司外部治理和信息披露环境越好的上市公司,其投资效率越高。

从公司治理方面来看,信息透明度的提高有利于提升公司的治理水平,进而提升公司内在价值。Fama 和 Jensen(1983)以及 Palepu(2001)的研究表明,企业借助信息披露与财务报告可以有效降低管理层与外部投资者之间的信息不对称性,减轻道德风险和逆向选择。

另外,提高公司的信息披露水平可以增强股价的有效性,进而引导公司的投资行为,提高管理者投资的效率(Fishman and Hagerty,2012)。因此,公司的信息透明度越高,越可以有效降低企业内外部之间的信息不对称程度,有效降低委托—代理成本,提高公司治理的效率,从而有利于投资者和企业所有者对管理者的自利行为进行更加有效的监督;此时,管理者会更加谨慎地选择 NPV 为正的投资项目,对企业的过度投资产生一定的抑制作用。基于以上分析,提出如下假设。

假设 4-5:信息透明度越高,高能力的管理者越能够抑制企业的过度投资行为。

4.3 研究设计

4.3.1 样本选择与数据来源

本章使用中国沪深两市 2008—2017 年 A 股上市公司为初始样本。为了将异常数据对样本产生的影响程度降到最小,保证得出的结论具有足够的针对性和可靠性,对样本数据进行了以下处理:

(1)剔除了 ST、＊ST 的公司,因为这些公司的财务数据可能存在异常等问题,会对结论产生一定的影响。

(2)剔除了金融行业的公司,因为金融类行业的会计准则与其他行业会计准则具有较大差异,相关指标之间不具有可比性,应予以剔除。

(3)剔除了相关变量缺失值较多的公司。

经过以上数据处理后,最终选择来自中国沪深两市 2008—2017 年 A 股共 2486 家上市公司,共得到 12833 个样本观测值。同时,考虑到极端值的影响,本章对所有连续变量进行上下 1.5％的缩尾处理。本章使用的数据,均来自 Wind 数据库、CSMAR 数据库以及 CCER 数据库。

4.3.2 变量定义

(1)过度投资

公司投资是企业保持可持续增长的驱动因素。在现实中,公司的实际投资往往偏离其适度的投资水平。Richardson(2006)认为,过度投资就是超过维持资产的原有状态以及预期净现值为正的新增投资之外的投资支出。Richardson(2006)首次提出的预期投资模型能够有效估计企业的过度投资水平,得到了学术界广泛的认可(魏明海、柳建华,2007;吕长江、张海平,2011;江轩宇、许年行,2015)。因此,本章使用Richardson(2006)提出的度量方法。

该方法将总投资(Itotal$_{i,t}$)分为两类:维持资产原有状态的投资(Imaintenance$_{i,t}$)和新项目的投资(Inew$_{i,t}$)。新项目的投资又由两个部分组成:一部分为预期的投资(Inew$_{i,t}^*$),它与企业的成长机会、企业规模、融资约束和其他因素相关;另一部分为企业非正常的投资(Inew$_{i,t}^{\varepsilon}$),其可能为正也可能为负,其中,正的表示企业存在过度投资,负的表示企业存在投资不足。总投资由式(4.1)表示。

$$\text{Itotal}_{i,t} = \text{Imaintenance}_{i,t} + \text{Inew}_{i,t} \tag{4.1}$$

其中 Inew$_{i,t}$ = Inew$_{i,t}^*$ + Inew$_{i,t}^{\varepsilon}$

根据式(4.1),我们利用如下模型估计我国上市公司过度投资的水平:

$$\begin{aligned}
\text{Inew}_{i,t} = {} & \alpha_0 + \alpha_1 Q_{i,t-1} + \alpha_2 \text{Lev}_{i,t-1} + \alpha_3 \text{Size}_{i,t-1} + \alpha_4 \text{Age}_{i,t-1} + \\
& \alpha_5 \text{Cash}_{i,t-1} + \alpha_6 \text{RT}_{i,t-1} + \alpha_7 \text{Inew}_{i,t-1} + \sum \text{Industry} + \\
& \sum \text{Year} + \varepsilon_{i,t-1}
\end{aligned} \tag{4.2}$$

其中,新项目的投资 Inew=(购建固定资产、长期资产和无形资产支付的现金+取得子公司及其他营业单位支付的现金+投资支付的现金-处置固定资产、长期资产和无形资产收回的现金净额-处置子公司及其他营业单位收到的现金净额-收回投资收到的现金/期初总资产);Q 为企业的托宾 Q 值,主要用来衡量企业的成长机会,计算公式为 Q=(股权市值+净债务市值)/期末总资产;Lev 为期末资产负债率;

Size 为期末总资产的自然对数;Age 为上市年限的自然对数;Cash＝(现金＋短期投资)/期初总资产;RT 为股票年度回报率;Year 和 Industry 分别为年度和行业哑变量。

参考詹雷和王瑶瑶(2013)以及江轩宇和许年行(2015)的做法,当公式(4.2)回归后得到的残差 $\varepsilon_{i,t}>0$ 时,$\varepsilon_{i,t}$ 即为企业的过度投资水平;当 $\varepsilon_{i,t}<0$ 时,企业的过度投资水平为 0,从而排除了投资不足对研究的影响。

(2)管理者能力

本章采用的度量管理者能力的方法是由 Demerjian 等(2012)提出的 DEA-Tobit 两阶段模型,他们对管理者如何有效利用公司的资源进行了评估,认为企业的运营效率可以归结为两部分:企业特征带来的效率和管理者能力带来的效率。高能力的管理者更了解企业和行业的情况,能够将内外部的信息整合成对企业未来发展更可靠的估计,会从给定的投入中产生比能力低的管理者更高的产出效率,最大化企业的价值。因此,本章利用 DEA-Tobit 两阶段模型度量管理者能力。

(3)控制变量

企业内部的因素,如高管、大投东等产生的代理成本会影响企业的过度投资行为(张会丽、陆正飞,2012)。此外,少数股权占比也是影响企业资源配置的重要因素(陆正飞、张会丽,2010)。为了控制以上因素对过度投资的影响,本章参考辛清泉(2007)、张会丽和陆正飞(2012)的研究,采用的控制变量包括自由现金流(FCF)、总资产收益率(Roa)、管理费用率(EXP)、大股东占款(ORA)、高管薪酬(Salary)、少数股权占比(MINO)以及控制年度和行业效应。控制变量的具体定义见表 4-1。

表 4-1　控制变量定义说明表

变　量	含　义	计算方式
FCF	自由现金流	(经营性现金净流量－资本支出)/总资产
Roa	总资产收益率	净利润/平均资产总额
EXP	管理费用率	管理费用/总资产
ORA	大股东占款	其他应收款/总资产
Salary	高管薪酬	前三位高管人员薪酬的自然对数
MINO	少数股权占比	少数股东权益/所有者权益

（4）调节变量

本章共有四个调节变量，分别为董事会规模（Boardsize）、期权或股权激励、机构投资者持股比例（Holder）和公司信息透明度（Opaque）。

董事会规模为上市公司董事会人数。期权或股权激励为管理层是否持有期权或股权标的物的情况，是则取值为 1，否则取值为 0。机构投资者方面，Ryan 和 Schneider（2002）、Chen 等（2007）的研究发现，只有与上市公司业务之间相互独立、重仓持股的机构投资者才会对公司产生有效的监督，并在重大决策上对公司产生影响。中国市场不同类型的机构投资者在监督效果和价值发现能力上都具有显著的差异性，其中基金具有较强的价值发现能力，且具有较强的独立性，能够对持股对象的管理层实施更有效的监督，促进我国上市公司业绩的改善，有助于公司价值的积累（王琨、肖星，2005；姚颐、刘志远，2009；Maria and Domingo，2011）；而券商、保险机构通常被认为与上市公司存在除投资关系以外的业务往来，可能为加强商业关系进而为自己谋取私利，不能对公司起到有效的监督作用；另外，社保基金和合格境外机构投资者等通常规模比较小，对公司的影响能力也比较有限。故本章将机构投资者持股比例定义为年末基金持股总数占流通股总股数的比例。公司信息透明度的度量，借鉴 Hutton 等（2009）的做法，采用分行业和年度修正的 Jones 模型(Dechow et al.,1995)估计出可操控性总应计利润,并利用前三期的可操控性总应计利润的绝对值加总来度量公司的信息透明度。

(5)中介变量

本章的中介变量为投资机会。衡量投资机会有五种常见的指标:市值与账面价值比率、市净率、市盈率、资本支出与固定资产净额的比率,以及托宾 Q(Lee et al.,2018)。Adam 和 Goyal(2008)的研究表明,市值与账面价值比率接近于大量研究中使用的投资机会相关测度,而托宾 Q 包含的投资机会信息含量最高。国内的研究也多采用托宾 Q 衡量企业的投资机会(邢斌、徐龙炳,2015;周中胜 等,2016)。Peters 和 Taylor(2017)发现无形的投资比实物投资更符合新古典理论,因此,他们提出了一种改进的托宾 Q 的计算:将无形资产包含在分母中。本章使用改进的托宾 Q 作为投资机会的代理变量主要有两个原因:首先,在这个无形经济不断增长的时代,改进的托宾 Q 能够更好地衡量投资机会(Peters and Taylor,2017);其次,由于本书研究的管理者能力指标包含研发、销售和商誉等效率指标,因此在本章的投资机会指标中考虑无形资产是合适的。改进的托宾 Q 的计算公式如下:

$$Q = \frac{市值 + 负债的账面价值 - 流动资产}{固定资产净额 + 无形资产净额} \tag{4.3}$$

通常情况下,托宾 Q 值越高,公司的投资机会越多。

4.3.3 实证模型

(1)管理者能力对过度投资的影响

为验证管理者能力对过度投资的影响,本章构建如下回归模型。

$$\mathrm{OVERINV}_{i,t} = \beta_0 + \beta_1 \mathrm{MA}_{i,t-1} + \beta_2 \mathrm{FCF}_{i,t-1} + \beta_3 \mathrm{Roa}_{i,t-1} +$$
$$\beta_4 \mathrm{EXP}_{i,t-1} + \beta_5 \mathrm{ORA}_{i,t-1} + \beta_6 \mathrm{Salary}_{i,t-1} +$$
$$\beta_7 \mathrm{MINO}_{i,t-1} + \sum \mathrm{Year} - \sum \mathrm{Industry} + \eta_{i,t} \quad (4.4)$$

同时,为避免管理者能力与过度投资之间存在的同期性影响,管理者能力与控制变量均滞后一期进行多元回归。此外,本章控制了年度和行业变量,避免了样本聚集以及数据结构变化带来的影响。若假设4-1成立,则 β_1 显著为负,即高能力的管理者更能够抑制企业过度投资的行为。

（2）投资机会的中介机制检验

本章参考温忠麟等（2004）提出的中介效应检验程序,构建模型,检验管理者能力是否通过投资机会的中介效应来抑制企业的过度投资行为。检验共分为三步。

第一步,利用模型（4.4）检验管理者能力与过度投资的关系。若系数 β_1 显著为负,表明管理者能力对过度投资产生了抑制作用,接着进行下一步的检验;若不显著,则停止中介效应的检验。

第二步,构建模型（4.5）,检验管理者能力与中介变量投资机会之间的关系。

$$Q_{i,t} = a_0 + a_1 \mathrm{MA}_{i,t} + a_2 \mathrm{FCF}_{i,t} + a_3 \mathrm{Roa}_{i,t} + a_4 \mathrm{EXP}_{i,t} +$$
$$a_5 \mathrm{ORA}_{i,t} + a_6 \mathrm{Salary}_{i,t} + a_7 \mathrm{MINO}_{i,t} + \sum \mathrm{Year} +$$
$$\sum \mathrm{Industry} + \varphi_{i,t} \quad (4.5)$$

第三步,构建模型（4.6）,检验投资机会对管理者能力与过度投资之间关系的中介效应。

$$\mathrm{OVERINV}_{i,t} = \beta'_0 + \beta'_1 \mathrm{MA}_{i,t-1} + \beta'_2 Q_{i,t-1} + \beta'_3 \mathrm{FCF}_{i,t-1} +$$
$$\beta'_4 \mathrm{Roa}_{i,t-1} + \beta'_5 \mathrm{EXP}_{i,t-1} + \beta'_6 \mathrm{ORA}_{i,t-1} +$$

$$\beta'_7 \text{Salary}_{i,t-1} - \beta'_8 \text{MINO}_{i,t-1} + \sum \text{Year} +$$

$$\sum \text{Industry} + \eta'_{i,t} \tag{4.6}$$

若模型(4.4)中的系数 β_1 显著为正,则继续依次检验系数 a_1、β'_2。若 a_1 显著为正,表明高能力的管理者能够使公司的投资机会增多;若 β'_2 显著为负,表明投资机会越多越能够减少企业的过度投资行为。

如果系数 a_1、β'_2 分别显著为正、负,则继续检验系数 β'_1。若 β'_1 显著为负,则存在中介效应;若 β'_1 不显著,则存在完全中介效应。

若 a_1、β'_2 至少有一个不显著时,则进行 Sobel 检验。若检验显著,则存在中介效应;否则不存在中介效应。

4.4 管理者能力对过度投资影响的检验

4.4.1 描述性统计与相关性分析

表 4-2 显示了 10 个主要变量的均值、标准偏差等的统计结果。过度投资的均值为 0.108,标准偏差为 0.259,最小值为 0,最大值为 8.788。管理者能力的均值为 -0.007,标准偏差为 0.114,不存在极端值,与 Demerjian 等(2013)的结果基本一致。从控制变量来看,除了自由现金流与高管薪酬存在比较大的波动外,统计的结果与张会丽和陆正飞(2012)的研究结果差别不大。总体来看,各个变量的取值基本在合理的范围内。

表 4-2　主要变量描述性统计

变量	OBS	均值	标准偏差	最小值	25%	中位数	75%	最大值
OVERINV	12833	0.108	0.259	0.000	0.000	0.000	0.138	8.788
MA	12833	−0.007	0.114	−0.295	−0.076	−0.008	0.063	0.279
FCF	12833	−0.041	0.235	−0.868	−0.144	−0.024	0.078	0.591
Roa	12833	0.06	0.056	−0.095	0.029	0.054	0.088	0.232
EXP	12833	0.049	0.03	0.005	0.028	0.044	0.064	0.151
ORA	12833	0.016	0.022	0.000	0.003	0.008	0.018	0.119
Salary	12833	14.141	0.678	12.576	13.700	14.129	14.570	15.848
MINO	12833	0.062	0.088	−0.003	0.003	0.025	0.083	0.406
Opaque	12833	0.089	0.119	0.001	0.040	0.064	0.101	3.988
Boardsize	12833	8.743	1.727	3	8	9	9	18
Holder	11216	0.053	0.051	0	0.015	0.040	0.076	0.733

　　表 4-3 显示了主要研究变量之间的 Pearson 相关系数。其中,管理者能力与过度投资之间存在正向的相关性,但是系数并不显著,两者关系有待进一步的检验。自由现金流与过度投资的相关系数为 −0.018,这与现有研究关于自由现金流的过度投资结论并不相符,可能是由于 2008 年金融危机之后,企业的资产规模与财务杠杆率逐年增长,资金大量流入资本市场,促进了金融发展,降低了企业的投资现金流敏感性。杨华军和胡奕明(2007)通过实证发现,金融发展水平越高,越能够降低自由现金流的过度投资水平,从而提高资本的配置效率。另外,Roa、EXP、Salary 以及 MINO 与过度投资的相关系数都十分显著,且各变量之间相关系数的绝对值均小于 0.6,不存在多重共线性,说明本章在研究中控制上述因素的影响是十分必要的。上述变量与过度投资的相关系数符号基本与相关研究一致。比如高管薪酬与过度投资呈正相关,与简建辉等(2011)的研究相一致,表明公司内部的货币薪酬激励

制度使得管理层表现出很强的机会主义行为，从而加剧了其过度投资的行为。

表 4-3　主要变量的相关性检验

变量	$OVERINV_t$	MA_{t-1}	FCF_{t-1}	Roa_{t-1}	EXP_{t-1}	ORA_{t-1}	$Salary_{t-1}$	$MINO_{t-1}$
$OVERINV_t$	1							
MA_{t-1}	0.001	1						
FCF_{t-1}	−0.018**	0.056***	1					
Roa_{t-1}	0.029***	0.341***	0.137***	1				
EXP_{t-1}	−0.171***	−0.174***	0.069***	0.108***	1			
ORA_{t-1}	0.009	−0.022**	−0.078***	−0.109***	−0.006	1		
$Salary_{t-1}$	0.221***	0.006	0.043***	0.240***	0.072***	−0.041***	1	
$MINO_{t-1}$	0.178***	−0.023**	−0.013	−0.055***	−0.085***	0.093***	0.070***	1

注：＊、＊＊、＊＊＊分别代表显著性水平 10％、5％、1％。

4.4.2 管理者能力对过度投资影响的检验

由表 4-4 可知，滞后一期的管理者能力系数为−0.056，在 1％的水平下显著，这表明管理者能力越高，越能够抑制过度投资行为，从而验证了本章假设 4-1。从控制变量来看，高管薪酬（Salary）与过度投资显著正相关，说明高管薪酬越高，企业的过度投资行为越严重，产生该现象的原因可能是由于管理者可以从投资于净现值为负的项目中控制更多资源，从而获取更多的私人利益（Jensen，1999）。少数股权占比（MINO）在 1％显著性水平下显著为正，表明少数股权占比越高，企业过度投资越严重，这可能是由于企业内部少数股东为子公司的管理层创造了较大的寻租空间（陆正飞、张会丽，2010），使得过度投资更严重。

表 4-4　管理者能力对过度投资影响的检验

变　量	$OVERINV_t$
MA_{t-1}	-0.056^{***}
	(-0.021)
FCF_{t-1}	-0.024^{***}
	(-0.009)
Roa_{t-1}	0.018
	(-0.044)
EXP_{t-1}	-1.340^{***}
	(-0.084)
ORA_{t-1}	-0.036
	(-0.101)
$Salary_{t-1}$	0.090^{***}
	(-0.004)
$MINO_{t-1}$	0.380^{***}
	(-0.025)
常数	-1.126^{***}
	(-0.050)
Industry	Yes
Year	Yes
Observations	12833
adj. R-sq	0.136

注：*、**、*** 分别代表显著性水平 10%、5%、1%；括号内的数值为 t 统计量。

4.5　管理者能力对过度投资的影响：调节效应的检验

4.5.1　董事会规模的调节效应

根据董事会规模大小将样本分组，重新对模型（4.4）进行回归，结果如表 4-5 所示。

表 4-5　董事会规模的调节效应回归结果

变　量	OVERINV$_t$	
	董事会规模大	董事会规模小
MA$_{t-1}$	−0 229***	−0.012
	（−0 060）	（−0.021）
FCF$_{t-1}$	−0 007	−0.0307***
	（−0 025）	（−0.010）
Roa$_{t-1}$	0 041	0.019
	（−0 126）	（−0.046）
EXP$_{t-1}$	−2 442***	−1.090***
	（−0.253）	（−0.087）
ORA$_{t-1}$	0.035	−0.050
	（−0.279）	（−0.106）
Salary$_{t-1}$	0.123***	0.076***
	（−0.010）	（−0.004）
MINO$_{t-1}$	0.409***	0.346***
	（−0.065）	（−0.027）

续表

变　量	OVERINV$_t$	
	董事会规模大	董事会规模小
常数	−1.526***	−0.952***
	(−0.142)	(−0.052)
Industry	Yes	Yes
Year	Yes	Yes
MA 分组差异检验	P-value＝0.0002	
Observations	2095	10738
adj. R-sq	0.219	0.107

注：*、**、***分别代表显著性水平 10％、5％、1％；括号内的数值为 t 统计量。

由表 4-5 可知，在董事会规模大的组中，管理者能力系数为−0.229，在 1％的水平下显著；而在董事会规模小的组中，管理者能力系数为−0.012，其对过度投资的抑制作用是大大降低的，且系数变得不再显著。这表明董事会规模较大时，高能力的管理者更能够抑制企业的过度投资行为。本章通过 SUR 似无相关检验对比了两组管理者能力系数的差异，结果显示：两组管理者能力系数在 1％显著性水平上存在显著的差异(0.0002)。根据上面的分析可知，董事会规模越大，越有助于管理层做出合理的投资决策，管理者能力对企业过度投资的抑制作用会大大增强，从而验证了假设 4-2。

4.5.2 股权激励的调节效应

根据公司管理者有无期权或股权激励进行分组，然后重新对模型 (4.4)进行回归，结果如表 4-6 所示。

表 4-6　期权或股权激励调节效应回归结果

变　量	OVERINV$_t$	
	有期权激励	无股权激励
MA$_{t-1}$	-0.121***	-0.042*
	(-0.029)	(-0.024)
FCF$_{t-1}$	-0.013	-0.027***
	(-0.017)	(-0.011)
Roa$_{t-1}$	0.309***	-0.009
	(-0.066)	(-0.052)
EXP$_{t-1}$	-1.291***	-1.338***
	(-0.114)	(-0.101)
ORA$_{t-1}$	0.628***	-0.172
	(-0.168)	(-0.116)
Salary$_{t-1}$	0.087***	0.090***
	(-0.005)	(-0.004)
MINO$_{t-1}$	0.582***	0.348***
	(-0.051)	(-0.028)
常数	-1.169***	-1.123***
	(-0.078)	(-0.058)
Industry	Yes	Yes
Year	Yes	Yes
MA 分组差异检验	P-value$=0.1016$	
Observations	2409	10424
adj. R-sq	0.3	0.125

注：*、**、*** 分别代表显著性水平 10%、5%、1%；括号内的数值为 t 统计量。

　　由表 4-6 可知，在有期权或股权激励的组中，管理者能力对过度投资存在显著的负向影响，且管理者能力的系数从全样本中的 -0.056 变为 -0.121，这表明分组后，在有激励组中，高能力的管理者对企业过度投资的抑制作用大大增强。而从无激励组中可以看到，管理者能力对过度投资的影响仅在 10% 显著性水平上显著（-0.042）；相比于全样本及有激励组的系数，其对过度投资的抑制作用大大减弱。接着，利用

SUR 似无相关检验对比了两组管理者能力系数的差异，结果显示，两组管理者能力系数差异的显著性水平接近于 10％（0.1016）。根据上面的分析可知，当上市公司的管理层具有期权或股权激励时，管理者更加注重公司的长远利益，促使其更加谨慎地选择投资项目进行投资决策，从而使得管理者能力对企业过度投资的抑制作用会大大增强，从而验证了假设 4-3。

4.5.3 机构投资者的调节效应

根据机构投资者持股比例高低，将样本分为两组，重新回归，结果如表 4-7 所示。

表 4-7　机构投资者调节效应的回归结果

变　量	OVERINV$_t$	
	机构持股比例高	机构持股比例低
MA$_{t-1}$	-0.141^{***}	0.0363
	(-0.0297)	(-0.0314)
FCF$_{t-1}$	-0.0116	-0.0393^{***}
	(-0.0133)	(-0.0146)
Roa$_{t-1}$	0.0289	-0.0981
	(-0.0666)	(-0.0667)
EXP$_{t-1}$	-1.681^{***}	-1.033^{***}
	(-0.125)	(-0.122)
ORA$_{t-1}$	0.0582	-0.127
	(-0.14)	(-0.17)
Salary$_{t-1}$	0.0947^{***}	0.0824^{***}
	(-0.00512)	(-0.00526)

续表

变　量	OVERINV$_t$	
	机构持股比例高	机构持股比例低
MINO$_{t-1}$	0.412***	0.448***
	(-0.0354)	(-0.039)
Constant	-1.208***	-1.004***
	(-0.0748)	(-0.0746)
Industry	Yes	Yes
Year	Yes	Yes
MA 分组差异检验	P-value＝0.0191	
Observations	5427	5789
adj. R-sq	0.212	0.117

注:＊、＊＊、＊＊＊分别代表显著性水平10％、5％、1％;括号内的数值为 t 统计量。

由于基金投资者持股比例数据存在缺失,剔除缺失数据后共有11216 个观测值。由表 4-7 可知,在机构持股比例高的组别中,管理者能力对过度投资在 1％显著性水平下存在负向影响,且管理者能力的系数为-0.141,这表明该组中,高能力的管理者对企业过度投资的抑制作用大大增强。而从持股比例低的组别中可以看到,管理者能力对过度投资的影响为 0.0363,且不再显著。接着,对比两组管理者能力系数的差异,可以发现,两组管理者能力系数在 5％显著性水平下存在显著差异(0.0191),表明相比机构持股比例低的组别,机构持股比例高的组别中管理者能力更能够抑制过度投资。根据上面的分析可知,机构投资者持股比例越高,越能发挥其监督作用,防止管理者投资于 NPV 为负的投资项目,从而使得管理者能力对企业过度投资的抑制作用大大增强,从而验证了假设 4-4。

4.5.4 公司信息透明度的调节效应

按照公司信息透明度将样本分为两组,重新回归,结果如表 4-8
所示。

表 4-8　公司信息透明度调节效应的回归结果

变　量	OVERINV$_t$	
	信息透明度低	信息透明度高
MA$_{t-1}$	-0.0259	-0.104^{***}
	(-0.0334)	(-0.0229)
FCF$_{t-1}$	-0.026^{*}	-0.026^{**}
	(-0.0137)	(-0.0122)
Roa$_{t-1}$	-0.0512	0.145^{***}
	(-0.0669)	(-0.054)
EXP$_{t-1}$	-1.139^{***}	-1.531^{***}
	(-0.136)	(-0.0944)
ORA$_{t-1}$	-0.249	0.177
	(-0.161)	(-0.114)
Salary$_{t-1}$	0.086^{***}	0.095^{***}
	(-0.00577)	(-0.00388)
MINO$_{t-1}$	0.328^{***}	0.423^{***}
	(-0.0407)	(-0.0281)
Constant	-1.069^{***}	-1.197^{***}
	(-0.0812)	(-0.0548)
Industry	Yes	Yes
Year	Yes	Yes
MA 分组差异检验	P-value$=0.118$	
Observations	6442	6391
adj. R-sq	0.088	0.258

注:$*$、$**$、$***$ 分别代表显著性水平 10%、5%、1%;括号内的数值为 t 统计量。

由表 4-8 可知,信息透明度高的组别中管理者能力对过度投资存在 1％ 显著性水平下的负向影响,且管理者能力的系数为 -0.104,表明该组中,高能力的管理者对企业过度投资的抑制作用大大增强。而从信息透明度低的组别中可以看到,管理者能力对过度投资的影响仅为 -0.0259,且不再显著。接着,利用费舍尔检验对比了两组管理者能力系数的差异,结果显示,两组管理者能力系数差异的显著性水平接近于 10％(0.118)。这表明相比信息透明度低的组别,信息透明度高的组别中管理者能力更能够抑制过度投资。根据以上分析可知,信息透明度越高,越可以有效降低企业内外部之间的信息不对称程度,有利于投资者和企业所有者对管理者进行更有效的监督,使得管理者能力对企业过度投资的抑制作用大大增强,从而验证了假设 4-5。

4.6 管理者能力影响过度投资的机制分析与检验

4.6.1 理论机制分析

投资机会是指净现值不小于零,企业暂时还未投资但可选的投资项目组合(Watts,1992),它是有利于企业投资的一系列因素构成的良好的投资环境和时机,这些因素主要有信任的产生、资源的利用、信息的交流、声誉的影响等(赵瑞,2013)。管理者在企业投资决策中扮演着重要的角色。Lee 等(2018)通过实证发现,具有较强能力的管理者,会使企业获得更多的投资机会,因为他们可以更有效地管理资源和更好地实施新项目。高能力管理者对企业投资机会的影响可能体现在以下三个方面。

（1）提高企业获取资源的能力

企业在挖掘和创造投资机会的过程当中，需要建立有效的对外关系（任胜钢 等，2011）。高能力的管理者能够以专业的角度对企业未来价值做出判断，可以增加现有或潜在客户对企业进一步的了解，促进企业关系网络的发展和壮大。另外，高能力的管理者具有更多的社会资本，能够降低企业获取信息的成本，能更有效地调动资源（何威风和刘巍，2015），这都有利于企业提高资源获取的速度和能力，拓展投资渠道，获取更多的投资机会。

（2）强化信任的产生

高能力管理者拥有的社会资本能带来信任和声誉机制，能够有效改善代理问题（赵瑞，2013）。Coleman（1988）认为信任是社会资本的一种形式，社会资本是信任产生的源泉，其内在的信任、规范、声誉以及社会网络都能够显著降低企业的信息不对称，从而增加企业的投资机会。

（3）增强信息的交流

高能力管理者拥有更多的社会资本，社会资本的信任、互惠和合作能够减少信息的不对称性（石军伟 等，2007），企业在社会网络中与其他企业频繁互动，信息在彼此间传递和扩散，增强了信息的相互交流，能够使企业获取更多的投资机会。

在完备市场条件下，企业的投资是由投资机会决定的（Modigliani and Miller，1959），投资机会的增多使得实现有效投资的可能性增大（赵瑞，2013）。故本章认为，高能力的管理者能够为企业获取更多的社会资本和有价值的信息，增加企业的投资机会，使得管理者能够发现更多 NPV 为正的投资项目，从而改善公司的资本投资决策，抑制过度投资行为。

4.6.2 实证结果检验

本小节采用温忠麟等（2004）揁出的中介效应检验方法来检验投资机会是否能作为中介机制，检验结果如表 4-9 所示。

表 4-9　投资机会的中介效应检验结果

步骤一	(1) OVERINV$_t$	步骤二	(2) Q$_t$	步骤三	(3) OVERINV$_t$
MA$_{t-1}$	−0.0566***	MA$_t$	37.15***	MA$_{t-1}$	−0.0508**
	(−0.0205)		(−3.204)		(−0.0206)
				Q$_{t-1}$	−0.000156***
					(−0.0000566)
FCF$_{t-1}$	−0.0244***	FCF$_t$	−2.186	FCF$_{t-1}$	−0.0248***
	(−0.00932)		(−1.454)		(−0.00931)
Roa$_{t-1}$	0.0215	Roa$_t$	74.01***	Roa$_{t-1}$	0.033
	(−0.044)		(−6.872)		(−0.0442)
EXP$_{t-1}$	−1.358***	EXP$_t$	26.79**	EXP$_{t-1}$	−1.354***
	(−0.0837)		(−13.07)		(−0.0837)
ORA$_{t-1}$	−0.0322	ORA$_t$	73.13***	ORA$_{t-1}$	−0.0208
	(−0.1)		(−15.67)		(−0.1)
Salary$_{t-1}$	0.0894***	Salary$_t$	−4.698***	Salary$_{t-1}$	0.0887***
	(−0.0035)		(−0.547)		(−0.00351)
MINO$_{t-1}$	0.382***	MINO$_t$	−26.28***	MINO$_{t-1}$	0.378***
	(−0.025)		(−3.909)		(−0.0251)
Constant	−1.122***	Constant	63.43***	Constant	−1.112***
	(−0.0494)		(−7.719)		(−0.0496)
Industry	Yes	Industry	Yes	Industry	Yes
Year	Yes	Year	Yes	Year	Yes
Observations	12832	Observations	12832	Observations	12832
adj. R-sq	0.136	adj. R-sq	0.211	adj. R-sq	0.137

注：*、**、***分别代表显著性水平10%、5%、1%；括号内的数值为 t 统计量。

第一步,通过回归(1)对管理者能力是否能够抑制过度投资进行验证。从结果可以看到,管理者能力的系数在 1% 显著性水平下负显著,说明管理者能力越高,越能够抑制企业的过度投资行为,可以进行进一步的中介效应检验。

第二步,回归(2)中,管理者能力 MA 与投资机会 Q 在 1% 的水平下显著正相关,说明高能力的管理者能够促进企业投资机会的增加。

第三步,从回归(3)中的结果可以看到,投资机会的系数在 1% 水平下显著为负,说明投资机会的增多能够抑制企业的过度投资行为。在此回归结果中,管理者能力的系数仍然显著为负,这说明投资机会在管理者能力与过度投资的关系中起到中介效应的作用。

4.7 稳健性检验

为了保证研究结论的可靠性,本章从以下两个方面进行稳健性检验。

(1)改变回归的方法

之前对管理者能力与过度投资的研究采用的是混合 OLS 回归模型。在本章中,参考姜付秀等(2009)的方法,根据估计出的过度投资(OVERINV)是否大于 0,将数据分为两类:若大于 0,则定义为过度投资,取值为 1;否则取值为 0。接着利用 Logit 模型对式(4.4)进行回归,并进一步检验调节效应与机制。

(2)改变投资机会的代理变量

参考王鲁平和毛伟平(2010)、Adam 和 Goyal(2008)的研究,本章采用市值账面比率 MB、市净率 PB 分别作为投资机会的代理变量,并重新对投资机会机制进行检验。一般情况下，企业的市值账面比率MB或市净率 PB 越高，表明投资机会越多，企业的成长性越好。

4.7.1 改变过度投资的度量方法

（1）管理者能力对过度投资调节效应的稳健性检验

以下继续检验各个调节效应。由表 4-10 和表 4-11 可以看到，董事会规模大、管理者有激励、机构投资者持股比例高或公司信息透明度高时，管理者能力对过度投资的抑制作用都大大增强，结论依然不变，且按董事会规模和机构持股比例分组后的管理者能力系数也均存在显著的差异，但是有无期权或股权激励与公司信息透明度的组间系数差异并不显著（0.3385、0.1467）。根据以上分析，我们的结论是稳健的。

表 4-10　董事会规模和股权激励调节效应的回归结果

变　量	全样本	董事会规模		有无期权或股权激励	
		规模大	规模小	有激励	无激励
	$OVERINV_t$	$OVERINV_t$	$OVERINV_t$	$OVERINV_t$	$OVERINV_t$
MA_{t-1}	−0.0596***	−0.222***	−0.021	−0.0968***	−0.0497**
	(−0.0202)	(−0.0544)	(−0.0216)	(−0.0302)	(−0.0239)
FCF_{t-1}	−0.0551***	−0.0366	−0.0628***	−0.0749***	−0.0534***
	(−0.00918)	(−0.0223)	(−0.00998)	(−0.0175)	(−0.0104)
Roa_{t-1}	0.038	−0.034	0.06	0.309***	−0.00776
	(−0.0433)	(−0.115)	(−0.0463)	(−0.0691)	(−0.0512)
EXP_{t-1}	−1.428***	−2.570***	−1.178***	−1.368***	−1.440***
	(−0.0823)	(−0.230)	(−0.0874)	(−0.119)	(−0.099)
ORA_{t-1}	−0.0596	0.125	−0.0839	0.557***	−0.182
	(−0.0988)	(−0.253)	(−0.106)	(−0.176)	(−0.113)

续表

变　量	全样本	董事会规模		有无期权或股权激励	
		规模大	规模小	有激励	无激励
	OVERINV$_t$	OVERINV$_t$	OVERINV$_t$	OVERINV$_t$	OVERINV$_t$
Salary$_{t-1}$	0.0786***	0.116***	0.0651***	0.0744***	0.0784***
	(−0.00345)	(−0.00908)	(−0.00372)	(−0.00528)	(−0.00409)
MINO$_{t-1}$	0.265***	0.238***	0.248***	0.503***	0.237***
	(−0.0246)	(−0.0594)	(−0.027)	(−0.0529)	(−0.0276)
Constant	−0.973***	−1.384***	−0.813***	−0.983***	−0.960***
	(−0.0487)	(−0.129)	(−0.0524)	(−0.0814)	(−0.0573)
Industry	Yes	Yes	Yes	Yes	Yes
Year	Yes	Yes	Yes	Yes	Yes
MA 分组差异检验		P-value＝0.0006		P-value＝0.3385	
Observations	12828	2094	10734	2409	10419
adj. R-sq	0.117	0.236	0.087	0.245	0.109

注：*、**、***分别代表显著性水平 10％、5％、1％；括号内的数值为 t 统计量。

表 4-11　机构投资者持股比例与信息透明度调节效应的回归结果

变量	全样本(1)	机构持股比例		全样本(2)	公司信息透明度	
		比例高	比例低		透明度高	透明度低
	OVERINV$_t$	OVERINV$_t$	OVERINV$_t$	OVERINV$_t$	OVERINV$_t$	OVERINV$_t$
MA$_{t-1}$	−0.0652***	−0.160***	0.0514	−0.0596***	−0.114***	−0.0257
	(−0.0212)	(−0.028)	(−0.032)	(−0.0202)	(−0.0228)	(−0.0327)
FCF$_{t-1}$	−0.0569***	−0.0318**	−0.0938***	−0.0551***	−0.0591***	−0.0538***
	(−0.00967)	(−0.0125)	(−0.0149)	(−0.00918)	(−0.0121)	(−0.0134)
Roa$_{t-1}$	0.00625	0.00804	−0.0301	0.038	0.198***	−0.0553
	(−0.0452)	(−0.0626)	(−0.0678)	(−0.0433)	(−0.0536)	(−0.0655)
EXP$_{t-1}$	−1.450***	−1.839***	−0.987***	−1.428***	−1.537***	−1.285***
	(−0.0854)	(−0.118)	(−0.124)	(−0.0823)	(−0.0938)	(−0.133)

续表

变量	全样本(1)	机构持股比例		全样本(2)	公司信息透明度	
		比例高	比例低		透明度高	透明度低
	$OVERINV_t$	$OVERINV_t$	$OVERINV_t$	$OVERINV_t$	$OVERINV_t$	$OVERINV_t$
ORA_{t-1}	−0.028	0.052	−0.186	−0.0596	0.18	−0.298*
	(−0.106)	(−0.132)	(−0.173)	(−0.0988)	(−0.113)	(−0.158)
$Salary_{t-1}$	0.0798***	0.0898***	0.0640***	0.0786***	0.0811***	0.0769***
	(−0.00359)	(−0.00482)	(−0.00535)	(−0.00345)	(−0.00386)	(−0.00565)
$MINO_{t-1}$	0.306***	0.282***	0.328***	0.265***	0.327***	0.201***
	(−0.0258)	(−0.0332)	(−0.0399)	(−0.0246)	(−0.0279)	(−0.0399)
Constant	−0.985***	−1.127***	−0.768***	−0.973***	−1.023***	−0.936***
	(−0.0514)	(−0.0706)	(−0.0758)	(−0.0487)	(−0.0545)	(−0.0795)
Industry	Yes	Yes	Yes	Yes	Yes	Yes
Year	Yes	Yes	Yes	Yes	Yes	Yes
MA 分组差异检验		P-value=0.0065			P-value=0.1467	
Observations	11212	5619	5593	12828	6389	6439
adj. R-sq	0.134	0.199	0.087	0.117	0.231	0.073

注:*、**、*** 分别代表显著性水平10%、5%、1%;括号内的数值为 t 统计量。

(2)管理者能力对过度投资影响机制的稳健性检验

表 4-12 显示了改变过度投资的度量方法后重新对机制进行检验的结果。回归(1)中滞后一期的管理者能力对当期过度投资仍然在1%显著性水平下存在显著的负向影响,且系数并未有太大的变化,可以进行进一步的中介效应检验。回归(2)中,管理者能力 MA 与投资机会 Q 在1%的水平下显著正相关,且系数也未有较大改变,说明高能力的管理者能够促进企业投资机会的增加。从回归(3)中的结果可以看到,投资机会的系数在1%水平下显著为负,说明投资机会的增多能够抑制企业的过度投资行为,同时,管理者能力的系数仍然显著为负,这说明投资机会的中介效应作用是稳健的。

表 4-12 改变过度投资度量方法的投资机会机制检验

步骤一	(1) OVERINV$_t$	步骤二	(2) Q$_t$	步骤三	(3) OVERINV$_t$
MA$_{t-1}$	−0.0600***	MA$_t$	37.55***	MA$_{t-1}$	−0.0539***
	(−0.0202)		(−3.206)		(−0.0203)
				Q$_{t-1}$	−0.000162***
					(−0.0000557)
FCF$_{t-1}$	−0.0552***	FCF$_t$	−2.243	FCF$_{t-1}$	−0.0555***
	(−0.00918)		(−1.456)		(−0.00918)
Roa$_{t-1}$	0.0406	Roa$_t$	73.61***	Roa$_{t-1}$	0.0524
	(−0.0433)		(−6.87)		(−0.0435)
EXP$_{t-1}$	−1.439***	EXP$_t$	27.47**	EXP$_{t-1}$	−1.435***
	(−0.0823)		(−13.06)		(−0.0823)
ORA$_{t-1}$	−0.057	ORA$_t$	74.31***	ORA$_{t-1}$	−0.0449
	(−0.0987)		(−15.66)		(−0.0988)
Salary$_{t-1}$	0.0784***	Salary$_t$	−4.596***	Salary$_{t-1}$	0.0777***
	(−0.00345)		(−0.547)		(−0.00346)
MINO$_{t-1}$	0.267***	MINO$_t$	−26.38***	MINO$_{t-1}$	0.262***
	(−0.0246)		(−3.907)		(−0.0247)
Constant	−0.970***	Constant	62.10***	Constant	−0.960***
	(−0.0487)		(−7.724)		(−0.0488)
Industry	Yes	Industry	Yes	Industry	Yes
Year	Yes	Year	Yes	Year	Yes
Observations	12827	Observations	12827	Observations	12827
adj. R-sq	0.117	adj. R-sq	0.211	adj. R-sq	0.118

注：*、**、***分别代表显著性水平 10%、5%、1%；括号内的数值为 t 统计量。

4.7.2 改变回归的方法

表4-13和表4-14显示了利用Logit方法对模型(4.4)进行回归的结果。从全样本回归结果可以看到，管理者能力的系数显著为−1.314，表明随着管理者能力的提高，发生过度投资的可能性会随之减小，管理者能力依旧能够显著抑制企业过度投资的行为。从调节效应的检验结果可以发现，在董事会规模大、机构投资者持股比例高以及公司信息透明度高的公司，发生过度投资的可能性会随着管理者能力的提高而大大减小，且管理者能力的系数分别在1％、5％和1％显著性水平下存在显著差异，同时三组的分组差异系数均显著，都存在可比性。而有无期权或股权激励的分组系数不存在可比性(0.4697)。基于以上分析，我们的结论是稳健的。

表 4-13　董事会规模与激励调节效应的回归结果：Logit 方法

变　　量	全样本	董事会规模		有无期权或股权激励	
		规模大	规模小	有激励	无激励
	$OVERINV_t$	$OVERINV_t$	$OVERINV_t$	$OVERINV_t$	$OVERINV_t$
MA_{t-1}	−1.314***	−1.535***	−0.886***	−0.945**	−1.323***
	(−0.196)	(−0.245)	(−0.335)	(−0.467)	(−0.218)
FCF_{t-1}	−0.629***	−0.662***	−0.627***	−1.539***	−0.510***
	(−0.0891)	(−0.109)	(−0.157)	(−0.28)	(−0.0946)
Roa_{t-1}	3.015***	3.081***	2.888***	5.102***	2.095***
	(−0.424)	(−0.526)	(−0.732)	(−1.074)	(−0.471)
EXP_{t-1}	−25.68***	−27.74***	−21.27***	−24.42***	−27.07***
	(−0.926)	(−1.145)	(−1.594)	(−2.011)	(−1.073)
ORA_{t-1}	−4.709***	−4.255***	−5.296***	2.929	−6.017***
	(−0.981)	(−1.205)	(−1.739)	(−2.825)	(−1.068)

续表

变　量	全样本	董事会规模		有无期权或股权激励	
		规模大	规模小	有激励	无激励
	OVERINV$_t$	OVERINV$_t$	OVERINV$_t$	OVERINV$_t$	OVERINV$_t$
Salary$_{t-1}$	0.996***	0.948***	1.072***	1.135***	0.948***
	(−0.035)	(−0.0426)	(−0.0632)	(−0.0869)	(−0.0389)
MINO$_{t-1}$	2.452***	2.371***	2.540***	4.795***	2.459***
	(−0.239)	(−0.289)	(−0.43)	(−0.922)	(−0.25)
Constant	−13.65***	−12.68***	−15.43***	−16.29***	−12.86***
	(−0.495)	(−0.6)	(−0.905)	(−1.325)	(−0.546)
Industry	Yes	Yes	Yes	Yes	Yes
Year	Yes	Yes	Yes	Yes	Yes
MA 分组差异检验		P-value＝0.064		P-value＝0.4697	
Observations	12828	8590	4238	2399	10419
伪 R^2	0.1540	0.1544	0.1573	0.1869	0.1548

注：*、**、*** 分别代表显著性水平 10%、5%、1%；括号内的数值为 t 统计量。

表 4-14　机构投资者与信息透明度调节效应的回归结果：Logit 方法

变　量	全样本（1）	机构持股比例高	机构持股比例低	全样本（2）	公司信息透明度高	公司信息透明度低
	OVERINV$_t$	OVERINV$_t$	OVERINV$_t$	OVERINV$_t$	OVERINV$_t$	OVERINV$_t$
MA$_{t-1}$	−1.361***	−1.805***	−0.784***	−1.314***	−1.860***	−0.982***
	(−0.211)	(−0.302)	(−0.299)	−0.196	−0.294	−0.266
FCF$_{t-1}$	−0.658***	−0.435***	−0.958***	−0.629***	−0.760***	−0.542***
	(−0.0968)	(−0.135)	(−0.143)	−0.0891	−0.155	−0.109
Roa$_{t-1}$	2.653***	2.642***	1.674***	3.015***	3.884***	2.479***
	(−0.451)	(−0.677)	(−0.634)	−0.424	−0.691	−0.54
EXP$_{t-1}$	−25.25***	−31.56***	−20.04***	−25.68***	−27.08***	−24.44***
	(−0.971)	(−1.527)	(−1.278)	−0.926	−1.398	−1.245
ORA$_{t-1}$	−4.719***	−5.557***	−3.318**	−4.709***	−2.283	−6.636***
	(−1.069)	(−1.439)	(−1.64)	−0.981	−1.476	−1.33

续表

变　量	全样本 （1） OVERINV$_t$	机构持股 比例高 OVERINV$_t$	机构持股 比例低 OVERINV$_t$	全样本 （2） OVERINV$_t$	公司信息 透明度高 OVERINV$_t$	公司信息 透明度低 OVERINV$_t$
Salary$_{t-1}$	0.965***	1.042***	0.856***	0.996***	1.085***	0.934***
	（−0.0373）	（−0.0545）	（−0.0521）	−0.035	−0.0523	−0.048
MINO$_{t-1}$	2.586***	2.340***	2.873***	2.452***	3.403***	1.675***
	（−0.26）	（−0.358）	（−0.386）	−0.239	−0.362	−0.321
Constant	−13.00***	−14.45***	−11.38***	−13.65***	−15.04***	−12.65***
	（−0.534）	（−0.8）	（−0.735）	−0.495	−0.742	−0.676
Industry	Yes	Yes	Yes	Yes	Yes	Yes
Year	Yes	Yes	Yes	Yes	Yes	Yes
MA 分组差异检验	*P*-value＝0.0177			*P*-value＝0.0272		
Observations	11212	5619	5593	12828	6389	6439
伪 R^2	0.1513	0.1865	0.1302	0.1540	0.1711	0.1474

注：*、**、*** 分别代表显著性水平 10％、5％、1％；括号内的数值为 *t* 统计量。

表 4-15 显示了改变回归方法后重新对机制进行检验的结果。

回归（1）中，管理者能力的系数在 1％水平下显著为−1.317，表明高能力的管理者能够使过度投资发生的概率大大减小。

回归（2）仍然采用 OLS 混合回归的方法，结果显示，管理者能力 MA 与投资机会 Q 在 1％的水平下显著正相关，且系数也未有较大改变，这说明高能力的管理者能够促进企业投资机会的增加。

回归（3）中，滞后一期的投资机会 Q 的系数在 1％水平下显著为−0.00767，说明具有较多投资机会的公司，发生过度投资的概率会减小，同时管理者能力的系数也在 1％的水平下显著为负，这说明投资机会的部分中介效应作用同样是稳健的。

表 4-15　使用 Logit 回归的投资机会机制检验

步骤一	(1) OVERINV$_t$	步骤二	(2) Q$_t$	步骤三	(3) OVERINV$_t$
MA$_{t-1}$	−1.317***	MA$_t$	37.55***	MA$_{t-1}$	−1.094***
	(−0.196)		(−3.206)		(−0.199)
				Q$_{t-1}$	−0.00767***
					(−0.000648)
FCF$_{t-1}$	−0.629***	FCF$_t$	−2.243	FCF$_{t-1}$	−0.658***
	(−0.0891)		(−1.456)		(−0.0905)
Roa$_{t-1}$	3.028***	Roa$_t$	73.61***	Roa$_{t-1}$	3.643***
	(−0.424)		(−6.87)		(−0.433)
EXP$_{t-1}$	−25.74***	EXP$_t$	27.47**	EXP$_{t-1}$	−26.07***
	(−0.927)		(−13.06)		(−0.938)
ORA$_{t-1}$	−4.698***	ORA$_t$	74.31***	ORA$_{t-1}$	−4.413***
	(−0.981)		(−15.66)		(−0.996)
Salary$_{t-1}$	0.996***	Salary$_t$	−4.596***	Salary$_{t-1}$	0.982***
	(−0.035)		(−0.547)		(−0.0353)
MINO$_{t-1}$	2.457***	MINO$_t$	−26.38***	MINO$_{t-1}$	2.289***
	(−0.239)		(−3.907)		(−0.242)
Constant	−13.64***	Constant	62.10***	Constant	−13.44***
	(−0.495)		(−7.724)		(−0.499)
Industry	Yes	Industry	Yes	Industry	Yes
Year	Yes	Year	Yes	Year	Yes
Observations	12827	Observations	12827	Observations	12827
伪 R^2	0.1541	adj. R-sq	0.211	伪 R^2	0.1635

注：*、**、*** 分别代表显著性水平 10%、5%、1%；括号内的数值为 t 统计量。

4.7.3 改变投资机会的代理变量

表 4-16 显示了将传统托宾 Q^* 作为投资机会的代理变量后重新对机制进行检验的结果。

　　回归(1)中滞后一期的管理者能力对当期过度投资在1%显著性水平下存在显著的负向影响，可以进行进一步的中介效应检验。

　　回归(2)中，管理者能力 MA 与投资机会 PB 在1%的水平下显著正相关，说明高能力的管理者能够促进企业投资机会的增加这一结论是稳健的。

　　从回归(3)中的结果可以看到，投资机会的系数在1%水平下显著为负，说明投资机会的增多能够抑制企业的过度投资行为，同时，管理者能力的系数仍然显著为负，这说明投资机会的部分中介效应作用是稳健的。

表 4-16　传统托宾 Q^* 为中介变量的检验机制结果

步骤一	(1) $OVERINV_t$	步骤二	(2) Q_t^*	步骤三	(3) $OVERINV_t$
MA_{t-1}	−0.0560***	MA_t	0.488***	MA_{t-1}	−0.0522**
	(−0.0205)		(−0.127)		(−0.0205)
				Q_t^*	−0.00767***
					(−0.00143)
FCF_{t-1}	−0.0244***	FCF_t	−0.313***	FCF_{t-1}	−0.0268***
	(−0.00933)		(−0.0575)		(−0.00933)
Roa_{t-1}	0.0175	Roa_t	7.933***	Roa_{t-1}	0.0783*
	(−0.0441)		(−0.272)		(−0.0455)
EXP_{t-1}	−1.340***	EXP_t	18.85***	EXP_{t-1}	−1.196***
	(−0.0838)		(−0.516)		(−0.0879)
ORA_{t-1}	−0.0363	ORA_t	4.123***	ORA_{t-1}	−0.00472
	(−0.101)		(−0.619))		(−0.101)
$Salary_{t-1}$	0.0897***	$Salary_t$	−0.502***	$Salary_{t-1}$	0.0859***
	(−0.00351)		(−0.0216		(−0.00358)
$MINO_{t-1}$	0.380***	$MINO_t$	−2.767***	$MINO_{t-1}$	0.359***
	(−0.0251)		(−0.154)		(−0.0254)

续表

步骤一	(1) OVERINV$_t$	步骤二	(2) Q$_t^*$	步骤三	(3) OVERINV$_t$
Constant	-1.126^{***}	Constant	7.714^{***}	Constant	-1.067^{***}
	(-0.0495)		(-0.305)		(-0.0507)
Industry	Yes	Industry	Yes	Industry	Yes
Year	Yes	Year	Yes	Year	Yes
Observations	12832	Observations	12832	Observations	12832
adj. R-sq	0.136	adj. R-sq	0.362	adj. R-sq	0.138

注：*、**、***分别代表显著性水平10％、5％、1％；括号内的数值为 t 统计量。

表 4-17 显示了将市净率作为投资机会的代理变量后重新对机制进行检验的结果。

回归(1)中滞后一期的管理者能力对当期过度投资在1％显著性水平下存在显著的负向影响，可以进行进一步的中介效应检验。

回归(2)中，管理者能力 MA 与投资机会 PB 在1％的水平下显著正相关，说明高能力的管理者能够促进企业投资机会的增加这一结论是稳健的。

从回归(3)中的结果可以看到，投资机会的系数在1％水平下显著为负，说明投资机会 PB 的增多能够抑制企业的过度投资行为，同时，管理者能力的系数仍然显著为负，这说明投资机会的部分中介效应作用是稳健的。

表 4-17　市净率作为中介变量的机制检验结果

步骤一	(1) OVERINV$_t$	步骤二	(2) PB$_t$	步骤三	(3) OVERINV$_t$
MA$_{t-1}$	-0.0945^{***}	MA$_t$	1.319^{***}	MA$_{t-1}$	-0.0865^{***}
	-0.0205		-0.211		-0.0205
				PB$_{t-1}$	-0.00612^{***}
					-0.000898

续表

步骤一	(1) OVERINV$_t$	步骤二	(2) PB$_t$	步骤三	(3) OVERINV$_t$
FCF$_{t-1}$	−0.0163*	FCF$_t$	−0.690***	FCF$_{t-1}$	−0.0205**
	−0.00984		−0.101		−0.00984
Roa$_{t-1}$	0.0805	Roa$_t$	13.36***	Roa$_{t-1}$	0.162***
	−0.0494		−0.509		−0.0508
EXP$_{t-1}$	−1.502***	EXP$_t$	23.47***	EXP$_{t-1}$	−1.358***
	−0.0846		−0.87		−0.087
ORA$_{t-1}$	0.00226	ORA$_t$	11.87***	ORA$_{t-1}$	0.0749
	−0.104		−1.066		−0.104
Salary$_{t-1}$	0.0920***	Salary$_t$	−0.724***	Salary$_{t-1}$	0.0876***
	−0.00342		−0.0352		−0.00348
MINO$_{t-1}$	0.433***	MINO$_t$	−2.948***	MINO$_{t-1}$	0.415***
	−0.0257		−0.265		−0.0258
Constant	−1.159***	Constant	10.68***	Constant	−1.093***
	−0.0488		−0.502		−0.0496
Industry	Yes	Industry	Yes	Industry	Yes
Year	Yes	Year	Yes	Year	Yes
Observations	11689	Observations	11689	Observations	11689
adj. R-sq	0.167	adj. R-sq	0.329	adj. R-sq	0.17

注:*、**、***分别代表显著性水平10%、5%、1%;括号内的数值为 t 统计量。

5 管理者能力对股价同步性的影响：调节效应及作用机制

5.1 管理者能力对股价同步性的影响研究概述

相对于国外成熟的资本市场，我国的资本市场存在着高度的股价同步性（亦称股价的"同涨同跌"），并且在世界主要经济体中长期处于前两位（Morck et al.，2000；Eun et al.，2015）。高度的股价同步性，说明我国资本市场的有效程度较低，特质信息难以较好地融入股价，这严重损害了股票价格引导资源配置的效率（Wurgler，2000；黄俊和郭照蕊，2014）以及公司治理的有效性（DeFond and Hung，2004）。此外，高度的股价同步性，使得股价崩盘的概率更大（Jin and Myers，2006；Hutton et al.，2009；许年行 等，2011）。基于上述原因，研究我国资本市场股价同步性的影响因素，并寻求相应的降低同步性的办法，对于我国资本市场的健康发展具有重要的理论和现实意义。

现有关于我国股价同步性影响因素的研究主要集中在制度环境（游家兴 等，2007；许红伟、陈欣，2012；钟覃琳、陆正飞，2018）、信息透明度（王亚平 等，2009；李增泉 等，2011）、分析师关注（朱红军 等，

2007;伊志宏 等,2019)、媒体报道(黄俊、郭照蕊,2014)、机构投资者(许年行 等,2013;An and Zhang,2013)和公司治理(袁知柱、鞠晓峰,2009;Gul et al.,2010;Li et al.,2015)等方面,较少涉及管理层能力对股价同步性的影响。实际中,高管理者能力不仅有助于提升盈余质量(Demerjian et al.,2013)、获得更高的信用评级(Bonsall et al.,2017),还有助于公司把握更好的投资机会以获取更高的经营利润(Lee et al.,2018),进而对公司在资本市场上的表现产生影响。

基于上述考虑,本章首先从管理者能力出发,利用 2008—2016 年沪深上市公司的数据,考察管理者能力对于公司股价同步性的影响;其次,分析内部激励和外部监督的调节效应以及产权性质对管理者能力和股价同步性关系的影响;最后,还将研究管理者能力影响股价同步性的中介机制。

5.2　理论分析与假设提出

作为现代金融理论的重要支撑,资本资产定价模型(CAPM)在理论上非常完美,但是其对个股收益的解释力却都不超过 40%。这是因为套利者通过套利活动将私有信息融入股价,导致 CAPM 对个股收益的解释力下降。在此基础上,Morck 等(2000)提出了股价同步性的概念和测度方法,并将研究视角触及股价行为特征与信息含量上。Morck 等开创性的研究,引发了学者对于该问题的极大关注,并催生了一大批成果,其中有关股价同步性影响因素的成果最为丰富。现有关于股价同步性影响因素的文献,可以分为以下三类。

第一类研究关注市场制度和法律环境对于股价同步性的影响。Morck 等(2000)通过 40 多个国家的比较研究发现,一国的产权保护制度越完善,股价同步性越低。Jin 和 Myers(2006)认为仅考虑投资者产权保护,并不能完全解释股价同步性的差异,还应考虑不同国家信息透明度的影响。随后,游家兴等(2007)、Fernandes 和 Ferreira(2009)、Yoon 等(2010)、许红伟和陈欣(2012)、钟覃琳和陆正飞(2018)分别从证券市场制度建设、内幕交易法案的颁布与实施、XBRL 财务报告、融资融券的实施、沪港通的开放等角度,验证了市场制度和环境保护对于股价同步性的影响,支持了 Morck 等(2000)、Jin 和 Myers(2006)的发现。

第二类研究关注公司外部监督方面,比如机构投资者、分析师和媒体报道等对于股价同步性的影响。作为市场上重要的参与者,机构投资者具有获取信息的专业技能,能够提高股价中信息的含量,降低股价同步性(Piotroski and Roulstone,2004;侯宇、叶冬艳,2008;An and Zhang,2013);但是,机构投资者的羊群行为也会减少机构投资者在信息传递中的作用(许年行 等,2013)。作为资本市场上重要的信息中介,分析师能够向市场传递特质信息,降低股价同步性(朱红军 等,2007;姜超,2013;Xu et al.,2013;伊志宏 等,2019);但是,由于新兴市场的透明度较低(Chan and Hameed,2006)以及个人能力有限(冯旭南、李心愉,2011),分析师披露的特质信息含量低,反而提高了股价同步性。除此之外,部分学者还关注了媒体报道的作用,认为媒体报道能将更多公司层面的信息融入股价,降低股价同步性(黄俊、郭照蕊,2014)

第三类研究关注公司治理方面的因素对于股价同步性的影响,比如股权结构、董事会、独立董事等。良好的公司治理有助于信息披露水平的提高,将更多特质信息融入股价。基于该逻辑,李增泉

(2005)、袁知柱和鞠晓峰（2009）、Gul 等（2010）、张斌和王跃堂（2014）、Li 等（2015）分别从所有权结构、审计质量、股权集中度、独立董事行业专长、两地上市等角度,证明良好的公司治理确实有助于股价同步性的降低。

上述的研究,并未关注管理者能力对于股价同步性的影响。而实际上,管理者能力可以通过影响企业的盈余质量、公司绩效和投资效率,从而对公司在资本市场上的表现产生影响。鉴于此,本章利用中国资本市场的数据,研究管理者能力对于股价同步性的影响及作用渠道,以拓展和丰富现有的研究文献。

5.2.1 管理者能力对股价同步性影响的理论分析

由于资本市场上存在信息不对称的问题,投资者很难直接评估管理者的能力,只能通过公司的绩效和股价表现等因素来判断管理者的能力(Trueman,1986),因此,管理者可能会主动向资本市场传递业绩信息,以彰显管理者优秀的管理水平;而且,管理者能力越强,越倾向于发布更及时和准确的业绩信息(Clement et al.,2003;Baik et al.,2011),即更高质量的信息披露。而高质量的信息披露,降低了外部投资者的信息搜索和处理成本,增加了可供参考的公司特质信息,降低了股价同步性(Huttton et al.,2009;Peterson et al.,2015)。

同时,基于声誉理论,公司管理者的能力越强,越重视自身的声誉,就越不会进行盈余管理(Francis et al.,2008),并且其向投资者传递出的盈余信息也就越可靠准确。这将使得股价中融入更多的公司特质信息,进而降低股价同步性。

基于上述分析,我们提出本章的第一个假设。

假设 5-1：在其他条件相同的情况下，管理者能力越强，股价同步性越低。

5.2.2 股权期权激励的调节作用

首先，作为企业内部激励的一种方式，股权激励将管理者的未来报酬与企业的绩效相挂钩，能够有效调动和发挥管理者的积极性和创造性，帮助企业实现长期稳定发展的目标。这种激励机制能在一定程度上缓解管理者与股东的代理矛盾，弥补管理者减少寻租所带来的收益，并且能够促使管理者主动向投资者传递高质量的信息，增加企业的信息透明度（Hanlon et al.，2003；王生年、尤明渊，2015）。

其次，随着社会的发展，外界对管理者超额薪酬的关注程度日益增加，监督也逐渐加强，这使得接受相关股权激励的管理者进行盈余管理的监管风险和诉讼风险也逐渐上升。在这样的背景下，高能力的管理者必然会向市场传递高质量的盈余信息，以降低相关的风险，进而也降低了股价的同步性。

综合上述分析，我们提出本章的第二个假设。

假设 5-2：在有股权期权激励的公司中，管理者能力与股价同步性之间负向关系更为显著。

5.2.3 机构投资者持股比例的调节作用分析

首先，机构投资者具有专业的信息搜集和分析能力，能为资本市场有效性的提升起到重要的作用。一方面，机构投资者信息搜集得越多，出具的公司研究报告越多，市场对公司的了解也就越多，公司的信息透明度越高（杨海燕 等，2012），股价同涨同跌的现象也将得到一定程度的抑制；另一方面，机构投资者的持股变化也可以向市场传递相应的投资信息，从而提高公司的特质信息含量。

再者，机构投资者具有更专业的信息搜集和分析能力，能一定程度上担任外部监督的职责。一般来说，机构投资者的持股比例较高，越有动机去发挥它外部监督的职责，以获取更高的投资收益。这种监督机制，能够在一定程度上抑制管理者隐藏坏消息、进行盈余管理的行为，增强公司盈余质量水平，提高信息透明度（高敬忠 等，2011；An and Zhang，2013）。

综合上述两点，我们提出本章的第三个假设。

假设 5-3：机构投资者比例越高，管理者能力与股价同步性之间负向关系更为显著。

5.2.4 产权性质的调节作用分析

目前，学界对于产权性质对股价同步性的影响，并未达成一致意见。

一种观点认为，一方面，我国的很多上市公司都是通过国有企业改制而来的，从组织结构上看，这些企业虽然已经完成了股份制改革，整体的经营方式、管理理念也脱离僵化，但是从很多方面上来讲，又不免有行政特色。比如，政府作为企业的实际控制人，在企业经营管理过程中起主导作用，这种产权制度的固有缺陷，难以为管理者能力较好地发挥提供相应的激励。另一方面，国有企业还需承担更多的社会责任（林毅夫、李志赟，2004），以股东利益最大化的目标是次要的。综合两方面原因,在国有企业中,政府的行政权力占主导地位,管理者能力可能并不能较好地发挥出来。因此,国有企业中管理者能力对股价同步性的降低效应,并不如在民营企业中那么显著。

另一种观点认为,国有企业的管理者往往身兼数职,既有政治上绩效的压力,也有为股东利益考虑经济利益上的压力。其中,政治晋升的压力会使管理者努力发挥自身的主观能动性,将在国有企业任职的经历和政绩作为晋升的跳板,以达成自身的政治抱负(郑志刚 等,2012)。这种政治晋升机制的激励,一方面有利于管理者发挥自身的能力、把握企业优质的投资机会,另一方面使得管理者更重视政府发布的企业信息披露准则,及时提供高质量的企业经营业绩信息,而不会冒仕途风险去隐藏负面消息。所以,从这一角度看,管理者能力对股价同步性的降低效应在国企中表现得更为明显。

综合上面两种相对的观点,我们提出如下两个竞争性的假设。

假设 5-4a:在民营企业中,管理者能力与股价同步性之间负向关系更为显著。

假设 5-4b:在国有企业中,管理者能力与股价同步性之间负向关系更为显著。

5.2.5 管理者能力影响股价同步性的机制

信号传递是指信息通过某些行为从信息的拥有者流向不具有信息的那一方。在信息不对称的情况下,信号传递理论是一种解决逆向选择的方法。信号传递理论认为,业绩较好的公司与业绩较差的公司存在差异,但市场上一般的投资者可能无法马上获得这些信息。此时,那些业绩好的公司为了吸引投资者的投资,将自己与那些业绩差的公司区别开来,就会及时向市场发出信号,比如披露财务业绩、高管持股等信息。而这种类似的现象也同样存在于投资机会多、成长性高的公司中。

一般来说,管理者能力越强,其挖掘和把握投资机会的能力也越强,那么其所在公司越能够将资金投入净现值为正的优质项目中。这将使得企业成长性和经营效益都得到提升(Lee et al.,2018),也使得公司更容易被资本市场中的投资者所发现(何威风、刘巍,2015)。另一方面,根据信号传递理论可知,为了吸引投资者的投资,将自己与那些成长性差的公司区别开来,管理者能力强的公司会向投资者传递投资信息(比如及时披露财务业绩、高管持股等信息),从而增加股价中特质信息含量,降低股价同步性。基于上述分析,我们提出如下假设。

假设 5-5:管理者能力越高,企业投资机会越好、成长性越高,而且这类企业更倾向于通过调整财务政策向投资者传递交易信息,增加股价中特质信息含量,从而降低股价同步性。

5.3　研究设计

5.3.1 样本选择及数据来源

本章选取沪深两市 2008—2016 年所有 A 股上市公司作为初始研究样本。在此基础上,参照之前文献(Morck et al.,2000;Jin and Myers,2006),进行如下处理:(1)剔除金融行业上市公司,因为这些公司的财务处理方式与其他行业有明显差异,缺乏可比性;(2)剔除年度周收益数据少于 30 个观测值的样本,并剔除数据有缺失的样本;(3)对模型中所有连续变量进行上下 1% 的缩尾处理。经过上述步骤,最终得到了 13215 个公司年度观测值。这些数据的来源如下:机构投资者持股比例的数据来自 Wind 数据库;关于公司和市场周特定收益数据和其他的财务数据,均来自 CSMAR 数据库。

5.3.2 变量定义

(1)股价同步性的定义

对于股价同步性的衡量,本章使用回归方程的方法来构造测量指标 R^2。首先,运用公式(5.1)来估计每个上市公司的 R^2。

$$r_{i,t} = \beta_0 + \beta_1 r_{m,t} + \beta_2 r_{I,t} + \varepsilon_{i,t} \tag{5.1}$$

其中,$r_{i,t}$ 为公司 i 第 t 周的个股收益率;$r_{m,t}$ 为第 t 周市场收益率;$r_{I,t}$ 为公司 i 所属的 I 行业第 t 周的行业收益率,是按照中国证监会行业分类标准,以公司的流通市值为权重,加权平均而计算出来的指标。

然后,运用公式(5.2)对 R^2 进行对数化处理,使之呈正态分布,最后得到的指标 SYNCH 即为衡量股价同步性的指标。

$$\text{SYNCH}_i = \text{Ln}\left(\frac{R_i^2}{1 - R_i^2}\right) \tag{5.2}$$

(2)管理者能力的衡量

对于管理者能力,已有诸如 CEO 的任期、高管薪酬、行业调整前的股票回报等多种方法度量管理者能力,但是这些方法由于存在太多噪声而遭到学者们的质疑。2012 年,Demerjian 等学者提出了度量管理者能力的新方法,受到了学者的广泛认可。该方法使用两步 DEA 方法来衡量企业的经营效率;然后,假设该经营效率仅受到企业层面和管理层两方面的影响,通过建立模型,将企业层面的影响因素从企业经营效率中剔除,剩余的残差部分即为管理者能力的代理指标。该方法通过简单直接地衡量企业经营效率,并分离出管理者能力影响的部分,从而解决现存的管理者能力衡量难题。因此,本章借鉴 Demerjian 等(2012)的思想,采用两步 DEA 方法来衡量管理者能力。

(3)控制变量

参考已有的研究,本章在模型中还加入了一系列控制变量,包括第一大股东持股比例(First)、公司规模(Size)、公司财务杠杆(Lev)、净资产收益率(Roe)、账面市值比(BM)、是否由四大审计(BIG4)以及年度虚拟变量(Year)和行业虚拟变量(Industry)。具体的变量定义见表 5-1。

表 5-1　研究变量的定义

变量	变量名称	变量符号	变量说明
因变量	股价同步性	SYNCH	根据上市公司股票收益率与行业、市场收益率回归的 R^2 计算所得
自变量	管理者能力	MA	借鉴 Demerjian 等(2012)的思想,用 DEA-Tobit 两阶段方法衡量管理者能力的代理指标
控制变量	第一大股东持股比例	First	年末第一大股东持股数量与流通股数之比
	公司规模	Size	年末总市值的自然对数
	公司财务杠杆	Lev	年末负债总额与资产总额之比
	净资产收益率	Roe	当年营业利润与股东权益之比
	账面市值比	BM	账面价值与市场价值之比
	是否由四大审计	BIG4	若公司由四大会计师事务所审计,BIG4＝1;反之,BIG4＝0
	年度虚拟变量	Year	年度哑变量
	行业虚拟变量	Industry	行业哑变量,行业分类标准依据证监会颁布的《上市公司行业分类指引》,其中制造业取两位代码

5.3.3 实证模型

参考以往的研究（王亚平 等，2009；黄俊、郭照蕊，2014；胡军、王甄，2015），本章运用模型（5.3）来检验假设 5-1，即管理者能力对股价同步性的影响。

$$\mathrm{SYNCH}_{i,t} = \beta_0 + \beta_1 \mathrm{MA}_{i,t} + \sum_{m=2}^{p} \beta_m \cdot (\mathrm{mth\ control\ variable}_{i,t}) +$$

$$\sum \mathrm{Year} + \sum \mathrm{Industry} + \varepsilon_{i,t} \tag{5.3}$$

其中，$\mathrm{SYNCH}_{i,t}$ 为公司 i 第 t 年的股价同步性；$\mathrm{MA}_{i,t}$ 为公司 i 第 t 年管理者能力的代理指标。若假设 5-1 成立，则 $\mathrm{MA}_{i,t}$ 前面的系数 β_1 显著为负。

为了验证假设 5-2，我们根据公司在年度区间内是否有股权期权激励将样本划分为两组，分别估计模型（5.3），并且考察在有激励的组和无激励的组中管理者能力的系数是否存在显著性差异。若假设 5-2 成立，则有激励组的管理者能力系数要明显小于无激励组的管理者能力系数。

为了验证假设 5-3，我们根据机构投资者持股比例的中位数将样本分为两组，分别估计模型（5.3），并且考察在机构投资者持股比例高的组和机构投资者持股比例低的组中管理者能力的系数是否存在显著性差异。若假设 5-3 成立，则机构投资者持股比例高组的管理者能力系数要明显小于机构投资者持股比例低组的管理者能力系数。

为了验证假设 5-4a 和假设 5-4b，我们根据公司的产权性质将样本划分为国有企业和民营企业两个组，并且考察国有企业组和民营企业组中管理者能力的系数是否存在显著性差异，并针对 5-4a 和 5-4b 两个对立的假设做出相应的解释。

为了验证假设 5-5，我们采用将逐步检验（Baron and Kenny，1986；温忠麟 等，2004）和 Bootstrap 检验（Zhao et al.，2010；Hayes and Scharkow，2013）相结合的方法。该方法主要包括以下四个步骤。

第一步，使用模型（5.4）检验管理者能力对股价同步性的影响。如果管理者能力的系数显著为负，则继续进行第二步检验，否则停止检验。

$$
\begin{aligned}
\text{SYNCH}_{i,t} = & \beta_0 + c \cdot \text{MA}_{i,t} + \beta_1 \text{First}_{i,t} + \beta_2 \text{Size}_{i,t} + \\
& \beta_3 \text{Lev}_{i,t} + \beta_4 \text{Roe}_{i,t} + \beta_5 \text{BM}_{i,t} + \beta_6 \text{BIG4}_{i,t} + \\
& \sum \text{Year} + \sum \text{Industry} + \varepsilon_{i,t}
\end{aligned}
\tag{5.4}
$$

第二步，做部分中介检验（Baron and Kenny，1986），即依次检验模型（5.5）中的管理者能力系数 a 和模型（5.6）中的公司投资机会系数 b。

$$
\begin{aligned}
\text{TOBINQ}_{i,t} = & \beta_0 + a \cdot \text{MA}_{i,t} + \beta_1 \text{First}_{I,T} + \beta_2 \text{Size}_{i,t} + \\
& \beta_3 \text{Lev}_{i,t} + \beta_4 \text{Roe}_{i,t} + \beta_5 \text{BM}_{i,t} + \beta_6 \text{BIG4}_{i,t} + \\
& \sum \text{Year} + \sum \text{Industry} + \varepsilon_{i,t}
\end{aligned}
\tag{5.5}
$$

$$
\begin{aligned}
\text{SYNCH}_{i,t} = & \beta_0 + d \cdot \text{MA}_{i,t} + b \cdot \text{Tobinq}_{I,T} + \beta_1 \text{First}_{i,t} + \\
& \beta_2 \text{Size}_{i,t} + \beta_3 \text{Lev}_{i,t} + \beta_4 \text{Roe}_{i,t} + \beta_5 \text{BM}_{i,t} + \\
& \beta_6 \text{BIG4}_{i,t} + \sum \text{Year} + \sum \text{Industry} + \varepsilon_{i,t}
\end{aligned}
\tag{5.6}
$$

如果两个系数均显著，意味着管理者能力对股价同步性的影响至少有一部分是通过公司投资机会实现的，并继续进行第三步检验。若系数 a 和 b 中至少有一个不显著，则代表部分中介效应检验功效较低，转到第四步，做 Sobel 检验。

第三步，做完全中介效应的第三个检验（Judd and Kenny，1981），即检验系数 d。若 d 不显著，则说明具有完全中介效应，即管理者能力对股价同步性的影响完全通过公司投资机会来实现;反之,则说明只具有部分中介效应,即管理者能力对股价同步性的影响仅部分通过公司投资机会来实现。

第四步,做 Sobel 检验。如果检验的统计量 Z 显著,则说明公司投资机会在管理者能力与股价同步性关系中发挥的中介效应显著,否则中介效应不显著,结束整个检验。

具体的检验步骤如图 5-1 所示。

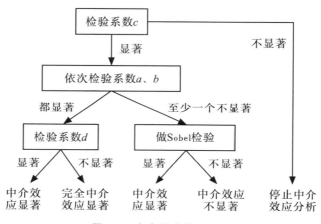

图 5-1　中介效应检验程序

5.4　实证结果分析

5.4.1 描述性统计与相关性分析

表 5-2 报告了本章使用的主要变量的描述性统计。R^2 的平均数和中位数分别为 0.450 和 0.460,远远高于 Morck 等(2000)和 Hutton 等

(2009)文献中 R^2 的平均数和中位数,这说明我国资本市场上,公司的特质信息较少融入股价,行业和宏观的信息较多影响股价波动。SYNCH 的均值为 -0.280,但最大值和最小值分别为 2.680 和 -7.070 且标准差达到 0.930,这表明不同公司间的股价同步性差异性比较大。管理者能力 MA 的均值为 -0.010,最大值为 0.550,最小值为 -0.870。BIG4 的均值为 0.050,说明只有 5% 的公司选择四大会计师事务所对公司进行审计。Firs⁻ 的均值和中位数分别为 0.360 和 0.340,表明在中国资本市场上"一股独大"的现象非常严重。Lev 的均值和中位数分别为 0.450 和 0.430,而最大值和最小值分别为 63.97 和 0.010,表明存在个别资产负债率极高的公司。此外,上市公司净资产收益率 Roe 的均值为 0.050,平均规模 Size 的均值为 21.95,平均账面市值比 BM 的均值为 0.890。

表 5-2　描述性统计

变量	Obs	均值	标准差	最小值	25%	中位数	75%	最大值
R^2	13215	0.450	0.190	0	0.310	0.460	0.590	0.940
SYNCH	13215	-0.280	0.930	-7.070	-0.810	-0.170	0.350	2.680
MA	13215	-0.010	0.120	-0.870	-0.080	-0.010	0.060	0.550
BIG4	13215	0.050	0.210	0	0	0	0	1
State	13215	0.580	0.490	0	0	1	1	1
First	13215	0.360	0.150	0	0.240	0.340	0.460	0.890
Lev	13215	0.450	0.830	0.010	0.260	0.430	0.600	63.97
Roe	13215	0.050	1.050	-82.57	0.030	0.070	0.110	33.30
Size	13215	21.95	1.280	15.42	21.06	21.79	22.65	28.51
BM	13215	0.890	0.940	0	0.340	0.590	1.040	12.10

表 5-3 报告的是对主要变量做 Pearson 相关性分析的结果。由表 5-3 可以发现,SYNCH 和 MA 间的相关系数为 -0.042,且在 1% 水平

上显著,初步表明管理者能力对股价同步性存在显著负向影响,符合我们的假设 5-1。此外,SYNCH 与是否由四大会计师事务所审计、第一大股东持股比例、公司规模和账面市值比等变量显著正相关,与产权性质显著负相关,而公司财务杠杆和净资产收益率未通过相关性检验。

表 5-3   Pearson 相关性检验

变量	SYNCH	MA	BIG4	State	First	Lev	Roe	Size	BM
SYNCH	1								
MA	-0.042^{***}	1							
BIG4	0.049^{***}	-0.023^{***}	1						
State	-0.137^{***}	0.030^{***}	-0.144^{***}	1					
First	0.026^{***}	0.052^{***}	0.138^{***}	-0.196^{***}	1				
Lev	-0.008	-0.030^{***}	0.024^{***}	-0.074^{***}	-0.013	1			
Roe	0.012	0.048^{***}	0.005	0.023	0.016^{*}	-0.006	1		
Size	0.178^{***}	0.001	0.359^{***}	-0.343^{***}	0.256^{***}	0.047^{***}	0.005	1	
BM	0.151^{***}	-0.042^{***}	0.202^{***}	-0.327^{***}	0.144^{***}	0.126^{***}	-0.020^{**}	0.610^{***}	1

注:***、** 和 * 分别表示在 1%、5%和 10%水平上显著。

5.4.2 管理者能力对股价同步性的影响分析

表 5-4 报告了管理者能力影响股价同步性的回归结果,其中被解释变量为股价同步性(SYNCH)。在控制公司年度效应和行业效应后,发现模型中 MA 的回归系数为 -0.196,且在 1%水平上显著,这表明管理者能力越高,股价同步性越低,支持假设 5-1。

表 5-4　管理者能力影响股价同步性的回归结果

变量	SYNCH
MA	-0.196^{***}
	(0.0584)
First	-0.0929^{**}
	(0.0462)
Size	0.102^{***}
	(0.00838)
Lev	-0.765^{***}
	(0.0396)
Roe	-0.0117
	(0.0605)
BM	0.238^{***}
	(0.0120)
BIG4	-0.0738^{**}
	(0.0334)
Constant	-1.239^{***}
	(0.175)
Year	Yes
Industry	Yes
Observations	13215
adj. R-sq	0.309

注:***、** 和 * 分别表示在 1%、5% 和 10% 水平上显著。

关于控制变量,第一大股东持股比例 First 的系数显著为负,这说明随着大股东持股比例的增加,大股东更有动力监督管理层,从而提高信息透明度,最终降低股价同步忹。公司规模 Size 的系数显著为正,说明规模越大的公司股价同步性越高。公司财务杠杆 Lev 的系数显著为负,这表明公司财务杠杆越大,股价同步性越低,因为公司财务杠杆越大,意味着公司未来经营不确定性会增加,从而引发股价异常波动,股价同步性降低。BM 的回归系数显著为正,这意味着 BM 越小,公司的成长性越好,而且成长性高的公司倾向于通过财务政策变动向投资者传递信息,增加股价中特质信息的含量,因此股价同步性越低。公司是否由四大会计师事务所审计即 BIG4 的系数显著为负,这说明相比国内的会计师事务所,四大会计师事务所审计具有更专业的能力,能够提供更多的公司特质信息,降低股价同步性。

5.4.3 股权期权激励对上述影响的调节作用分析

为了验证假设 5-2,我们根据公司在年度区间内是否有股权期权激励,将样本划分为两组,然后分别估计模型,并且考察在有激励的组和无激励的组中管理者能力的系数是否存在显著性差异。本章将股权期权情况定义为虚拟变量:若该公司在某年度区间内实施过股权期权激励,则定义为 1;反之,定义为 0。

表 5-5 报告了股权激励对管理者能力与股价同步性之间关系的影响。在有股权期权激励的组别中,管理者能力的系数为 −0.637,且在 1% 的水平显著;同时,该系数明显小于无股权期权激励的组别中的管理者能力系数(−0.153)。另外,为了验证两组之间管理者能力的系数差异,此处做了 SUR 似不相关检验,结果显示,两个组的系数在 5% 的水平上存在显著差异。上述结果表明,在有股权期权激励的公司中,管理者能力与股价同步性之间负向关系更为显著,验证了假设 5-2。

表 5-5 股权期权激励的调节作用分析

变量	有激励 SYNCH	无激励 SYNCH
MA	−0.637***	−0.153**
	(0.194)	(0.0612)
First	−0.272*	−0.0957**
	(0.162)	(0.0482)
Size	−0.101***	0.116***
	(0.0315)	(0.00873)
Lev	−0.241	−0.799***
	(0.155)	(0.0409)
Roe	−0.0545	−0.00759
	(0.320)	(0.0617)
BM	0.542***	0.225***
	(0.0685)	(0.0123)
BIG4	−0.103	−0.0752**
	(0.122)	(0.0347)
Constant	2.471***	−1.487***
	(0.857)	(0.181)
Year	Yes	Yes
Industry	Yes	Yes
MA 分组差异检验	Chi-Square=6.03 P-value=0.0141	
Observations	1355	11860
adj. R-sq	0.315	0.299

注:*** 、** 和 * 分别表示在 1%、5% 和 10% 水平上显著。

5.4.4 机构投资者持股比例对上述影响的调节作用分析

为了验证假设 5-3，我们根据机构投资者持股比例的中位数，将样本分为两组，分别估计模型（5.5）和模型（5.6），并且考察在机构投资者持股比例高的组和机构投资者持股比例低的组中管理者能力的系数是否存在显著性差异。本章使用年末机构投资者持股数量与流通股数之比来衡量机构投资者持股比例。而且，本章使用的机构投资者的定义与 Wind 数据库的定义是一致的，即包括基金、券商理财产品、QFII（合格境外机构投资者）、保险公司、社保基金、企业年金和信托公司等。

表 5-6 报告了机构投资者比例对管理者能力与股价同步性关系的影响。在机构投资者比例高的组中，管理者能力的系数为 −0.313，且在 1% 的水平显著；而在机构投资者持股比例低的组中，管理者能力的系数为 −0.0871，并不显著。同时，采用 SUR 似不相关方法检验了两组管理者能力的系数差异，结果显示，两组系数在 10%（0.0631）显著水平上存在显著性差异。上述结果表明，在机构投资者持股比例高的组别中，管理者能力与股价同步性之间负向关系更为显著，体现出机构投资者外部监督效应和专业研究能力，验证了假设 5-3。

表 5-6　机构投资者持股比例的调节作用分析

变量	机构持股比例高 SYNCH	机构持股比例低 SYNCH
MA	−0.313***	−0.0871
	(0.0876)	(0.0794)
First	−0.0711	−0.131*
	(0.0690)	(0.0675)
Size	0.108***	0.0889***
	(0.0115)	(0.0132)

续表

变量	机构持股比例高 SYNCH	机构持股比例低 SYNCH
Lev	−0.757***	−0.766***
	(0.0604)	(0.0538)
Roe	−0.0654	0.0429
	(0.0915)	(0.0824)
BM	0.211***	0.272***
	(0.0157)	(0.0197)
BIG4	−0.0983**	−0.0140
	(0.0391)	(0.0694)
Constant	−1.421***	−1.008***
	(0.248)	(0.275)
Year	Yes	Yes
Industry	Yes	Yes
MA 分组差异检验	Chi-Square=3.45 P-value=0.0631	
Observations	6553	6553
adj. R-sq	0.288	0.308

注:***、**和*分别表示在 1%、5%和 10%水平上显著。

5.4.5 产权性质对上述影响的调节作用分析

上文从公司内部股权激励和外部机构投资者监督等角度研究了管理者能力对公司股价同步性的调节效应。接下来则从公司产权性质出发,将样本划分为国有企业和民营企业两个组,进一步考察国有企业和民营企业管理者能力的系数是否存在显著性差异。本章将企业产权性质定义为虚拟变量:当企业为民营性质时,定义为 1;若企业为国有性质,则定义为 0。

表 5-7 报告了产权性质对管理者能力与股价同步性关系的影响。在民营企业组中,管理者能力的系数为 -0.315,且在 1% 的水平上显著;而在国有企业组中,管理者能力的系数为 C.0239,并不显著。同时,采用 SUR 似不相关方法检验了两组管理者能力的系数差异,结果显示,两组系数在 1% 的水平上存在显著性差异。上述结果表明,在民营企业中,管理者能力对股价同步性的负向影响更为显著,验证了假设 5-4a。

表 5-7　产权性质的调节效应

变量	国有企业 SYNCH	民营企业 SYNCH
MA	0.0239	-0.315***
	(0.0892)	(0.0764)
First	-0.198***	-0.179***
	(0.0678)	(0.0637)
Size	0.112***	0.0408***
	(0.0115)	(0.0127)
Lev	-0.917***	-0.721***
	(0.0605)	(0.0535)
Roe	-0.0580	0.123
	(0.0771)	(0.0943)
BM	0.176***	0.415***
	(0.0144)	(0.0231)
BIG4	-0.0462	-0.178***
	(0.0383)	(0.0633)
Constant	-1.188***	-0.144
	(0.240)	(0.264)
Year	Yes	Yes
Industry	Yes	Yes

续表

变量	国有企业 SYNCH	民营企业 SYNCH
MA 分组差异检验	Chi-Square＝8.08 P-value＝0.0045	
Observations	5545	7670
adj. R-sq	0.320	0.285

注：***、** 和 * 分别表示在 1%、5% 和 10% 水平上显著。

5.5　管理者能力影响股价同步性的机制分析

对于管理者能力高的公司，管理者挖掘和把握投资机会的能力都很强，公司会将资金投入多数净现值为正的优质项目中，这使得企业成长性和经营效益都得到提升（Lee et al.，2018；何威风和刘巍，2015）。基于信号传递理论，投资机会多且公司成长性好的企业可能会通过改变财务政策（杨兴全和吴昊旻，2011）向投资者传递投资信息，这样会增加股价中特质信息含量，提高信息效率，降低股价同步性。因此，本章以公司投资机会为中介变量，检验公司投资机会是否在管理者能力与股价同步性之间发挥中介效应。

本章采用公司投资机会和成长性的代理指标托宾 Q（Lee et al.，2018），即公司的年末市值与年末总计资产的比值，然后考察公司投资机会是否在管理者能力与股价同步性之间发挥中介效应。具体的检验结果如表 5-8 所示。

表5-8　管理者能力影响股价同步性的机制

变量	(1) SYNCH	(2) TOBINQ	(3) SYNCH
TOBINQ	—	—	−0.0884***
	—	—	(0.00433)
MA	−0.202***	0.215*	−0.183***
	(0.0592)	(0.117)	(0.0583)
First	−0.108**	0.408***	−0.0717
	(0.0469)	(0.0929)	(0.0462)
Size	0.192***	−0.878***	0.115***
	(0.00713)	(0.0141)	(0.00799)
Lev	−0.525***	−1.231***	−0.634***
	(0.0382)	(0.0758)	(0.0380)
Roe	−0.244***	2.157***	−0.0537
	(0.0602)	(0.119)	(0.0600)
BIG4	−0.0867**	0.582***	−0.0352
	(0.0339)	(0.0671)	(0.0335)
Constant	−3.033***	20.42***	−1.228***
	(0.152)	(0.301)	(0.174)
Year	Yes	Yes	Yes
Industry	Yes	Yes	Yes
Observations	13215	13215	13215
adj. R-sq	0.274	0.477	0.296

注：***、** 和 * 分别表示在1%、5%和10%水平上显著。

　　第一步，检验管理者能力对股价同步性的影响。结果发现：管理者能力的系数为−0.202，且在1%的水平上显著，通过了中介效应检验的第一步。这意味着管理者能力越高，更多公司层面信息融入公司股价，从而使得股价同步性越低。

第二步,依次检验模型(5.5)中的管理者能力系数 a 和模型(5.6)中的公司投资机会系数 b。结果显示:模型(5.5)中的管理者能力的系数 a 为 0.215,且在 10% 的水平上显著,说明管理者能力越高,公司投资机会越多,成长性越好;模型(5.6)中的公司投资机会系数 b 为 -0.0884,且在 1% 的水平上显著,说明投资机会多的公司会通过改变财务政策向投资者传递投资信息,增加股价特质信息含量,降低股价同步性。由于系数 a 和 b 均显著且正负符合预期,意味着管理者能力对股价同步性的影响至少有一部分是通过公司投资机会和成长性实现的,因此继续第三步检验。

第三步,做完全中介效应的第三个检验。结果显示: d 的系数为 -0.183,且在 1% 的水平上显著。这说明是中介效应显著,即管理者能力对股价同步性的影响是通过公司投资机会来实现的。

5.6　稳健性检验

5.6.1 更换股价同步性的度量方式

为了保证回归结果的稳健性,本章参考 Gul 等(2010)采用的关于股价同步性的衡量方法,在行业加权平均收益率和市场收益率与公司特定收益率的回归方程中分别加入行业加权平均收益率和市场收益率的滞后一阶,模型回归产生新的 R^2。

$$r_{i,t}=\beta_0+\beta_1 r_{m,t}+\beta_2 r_{m,t-1}+\beta_3 r_{I,t}+\beta_4 r_{I,t-1}+\varepsilon_{i,t} \qquad (5.7)$$

其中, $r_{i,t}$ 为公司 i 第 t 周的个股收益率; $r_{m,t}$ 为第 t 周市场收益率; $r_{I,t}$ 为

公司 i 所属的 I 行业第 t 周的行业收益率。然后,运用模型(5.7)对 R^2 进行对数化处理,使之呈正态分布,最后得到的指标 SYNCH 即为衡量股价同步性的指标。

表 5-9 报告了更换股价同步性的度量方法后,重新检验假设 5-1 的回归结果。第(1)列的结果表明:在控制公司年度效应和行业效应后,模型中管理者能力的回归系数为 -0.168,且在 1% 水平上显著,说明回归结果是稳健的;同时,第一大股东持股比例、公司财务杠杆、公司是否由四大会计师事务所审计等控制变量与股价同步性仍然显著负相关,而公司规模和账面市值比则与股价同步性正相关。第(2)列的结果表明:在控制公司个体效应和年度效应后,模型中管理者能力的回归系数为 -0.170,且在 5% 水平上显著,这说明"管理者能力负向影响股价同步性"的结论依旧成立。综上可知,在更换股价同步性的度量方法后,管理者能力与股价同步性之间的负向关系依旧成立。

表 5-9　更换度量方法后 SYNCH 的初始检验结果

变量	(1) SYNCH	(2) SYNCH
MA	-0.168^{***}	-0.170^{**}
	(0.0514)	(0.0862)
First	-0.129^{***}	-0.0235
	(0.0407)	(0.129)
Size	0.0871^{***}	0.0169
	(0.00738)	(0.0218)
Lev	-0.652^{***}	-0.508^{***}
	(0.0349)	(0.0709)
Roe	-0.0898^{*}	-0.132^{**}
	(0.0533)	(0.0660)

续表

变量	(1) SYNCH	(2) SYNCH
BM	0.211 ***	0.247 ***
	(0.0106)	(0.0199)
BIG4	−0.0651 **	−0.0558
	(0.0294)	(0.0866)
Constant	−0.855 ***	0.264
	(0.154)	(0.454)
Year	Yes	Yes
Company	—	Yes
Industry	Yes	—
Observations	13215	13215
adj. R-sq	0.321	0.338

注：*** 、** 和 * 分别表示在 1％、5％和 10％水平上显著。

5.6.2 控制年度效应和公司效应的回归分析

若要在考虑管理者能力与股价同步性关系时，同时控制公司年度效应和公司效应，则需在原有模型中加入年度虚拟变量和公司虚拟变量，采用 LSDV 法研究管理者能力对股价同步性的影响，并进一步重新检验相关关系的调节机制和中介机制。

表 5-10 报告了初始回归结果，其中被解释变量为股价同步性（SYNCH），在控制公司效应和年度效应后，发现模型中管理者能力的回归系数为−0.171，且在 10％水平上显著，这表明管理者能力越高，股价同步性越低，支持假设 5-1。由此可见，回归结果并未发生实质性变化，说明了回归结果的稳健性。

关于控制变量,Lev 的回归系数显著为负,这表明公司财务杠杆越大,股价同步性越低,因为公司财务杠杆越大,意味着公司未来经营不确定性会增加,引发股价异常波动,股价同步性降低。BM 的回归系数显著为正,因为 BM 前面的系数为负数代表公司成长性,随着公司成长性提高,股价同步性下降,因为成长性高的公司倾向于通过变动财务政策向投资者传递信息,增加股价中特质信息的含量,降低股价同步性。

表 5-10　管理者能力与股价同步性的回归结果

变量	SYNCH
MA	-0.171^*
	(0.0977)
First	0.0984
	(0.157)
Size	0.0244
	(0.0258)
Lev	-0.596^{***}
	(0.0833)
Roe	-0.0908
	(0.0747)
BM	0.272^{***}
	(0.0222)
BIG4	-0.0420
	(0.0968)
Constant	-0.0654
	(0.538)
Year	Yes
Company	Yes
Observations	13215
adj. R-sq	0.309

注:***、** 和 * 分别表示在 1%、5% 和 10% 水平上显著。

　　按是否进行股权期权激励将样本分为两组，并分别回归，估计结果如表 5-11 所示。由表 5-11 可知，在有股权期权激励的组别中，管理者能力 MA 的系数为 -0.896，在 1% 的水平上显著；在无股权期权激励的组别中，管理者能力 MA 的系数为 -0.135，统计上并不显著。直观上看，相关的回归结果并未发生实质性变化。另外，同样通过 SUR 似不相关检验，检验了两组之间管理者能力的系数差异，结果发现，两组的管理者能力系数在 5%（0.0141）水平上存在显著性差异。上述检验结果表明，与股权期权激励相关的结论，具有较好的稳健性。

表 5-11　管理者能力与股价同步性：考虑股权期权激励因素

变量	有激励 SYNCH	无激励 SYNCH
MA	-0.896^{***}	-0.135
	(0.301)	(0.0852)
First	0.100	0.0472
	(0.427)	(0.126)
Size	-0.138^{**}	0.0281
	(0.0641)	(0.0179)
Lev	-0.262	-0.603^{***}
	(0.246)	(0.0720)
Roe	0.526	-0.115^{*}
	(0.393)	(0.0651)
BM	0.603^{***}	0.229^{***}
	(0.105)	(0.0170)
BIG4	-0.0632	-0.0363
	(0.292)	(0.0769)
Constant	0.415	0.657^{***}
	(0.463)	(0.0299)

续表

变量	有激励 SYNCH	无激励 SYNCH
Year	Yes	Yes
Company	Yes	Yes
MA 分组效应检验	Chi-Square＝5.87 P-value＝0.0154	
Observations	1355	11860
adj. R-sq	0.348	0.278

注：***、** 和 * 分别表示在 1％、5％ 和 10％ 水平上显著。

根据机构投资者持股比例的大小将样本分为两组,并重新进行回归分析,结果如表 5-12 所示。由表 5-12 可知,在机构投资者持股比例高的组别中,管理者能力 MA 的系数为－0.226,在 10％ 的水平上显著为负,且显著小于在全样本中的系数(－0.171);在机构投资者持股比例低的组别中,管理者能力 MA 的系数也为负(－0.164),但却并不显著。直观上看,在机构投资者持股比例高的组别中,管理者能力对股价同步性的负向影响更为显著,而在机构投资者持股比例低的组别中,管理者能力对股价同步性的负向关系减弱。综上所述,我们认为在机构投资者持股比例高的组别中,管理者能力与股价同步性之间负向关系更为显著,体现出机构投资者的外部监督效应和专业研究能力,支持假设 5-3。

表 5-12　管理者能力与股价同步性:考虑机构投资者持股比例因素

变量	机构持股比例高 SYNCH	机构持股比例低 SYNCH
MA	－0.226*	－0.164
	(0.126)	(0.111)
First	0.157	－0.113
	(0.180)	(0.167)

续表

变量	机构持股比例高 SYNCH	机构持股比例低 SYNCH
Size	0.0312	0.0340
	(0.0258)	(0.0240)
Lev	−0.650 ***	−0.516 ***
	(0.104)	(0.0964)
Roe	−0.0934	−0.102
	(0.0991)	(0.0869)
BM	0.218 ***	0.257 ***
	(0.0216)	(0.0273)
BIG4	0.0547	−0.247 *
	(0.0939)	(0.131)
Constant	0.499 ***	0.705 ***
	(0.0560)	(0.0372)
Year	Yes	Yes
Company	Yes	Yes
MA 分组差异检验	Chi-Square= 0.12 P-value=0.7279	
Observations	6553	6553
adj. R-sq	0.268	0.292

注：***、**和*分别表示在1%、5%和10%水平上显著。

按照公司的产权性质,将样本划分为国有企业和民营企业两个组,进一步考察国有企业和民营企业管理者能力的系数是否存在显著性差异,分组回归的结果如表5-13所示。由表5-13可知,在民营企业中,管理者能力 MA 的系数为−0.233,在5%的水平上显著为负,且显著小于在全样本中的系数(−0.171);在国有企业中,管理者能力 MA 的系数也为负(−0.104),但却并不显著。直观上看,在民营企业中,管理者能力对股价同步性的负向影响更为显著,而在国有企业中,管理者能力对股价同步性的负向关系减弱。综上所述,在国有企业中,不利于管理者能力这种管理者特质性的发挥,而在民营企业中,管理者能力与股价同步性之间负向关系更为显著,支持假设 5-4a。

表 5-13　管理者能力与股价同步性:考虑产权性质因素

变量	国有企业 SYNCH	民营企业 SYNCH
MA	-0.104	-0.233^{**}
	(0.124)	(0.110)
First	0.446^{**}	-0.186
	(0.191)	(0.156)
Size	0.00189	0.00658
	(0.0277)	(0.0226)
Lev	-0.956^{***}	-0.362^{***}
	(0.109)	(0.0901)
Roe	-0.107	-0.104
	(0.0818)	(0.102)
BM	0.203^{***}	0.365^{***}
	(0.0204)	(0.0304)
BIG4	0.166^{*}	-0.409^{***}
	(0.0902)	(0.127)
Constant	0.622^{***}	0.657^{***}
	(0.0372)	(0.0501)
Year	Yes	Yes
Company	Yes	Yes
MA 分组差异检验	Chi-Square$=0.54$ P-value$=0.4628$	
Observations	5545	7670
adj. R-sq	0.300	0.280

注:***、** 和 * 分别表示在 1%、5% 和 10% 水平上显著。

本章采用中介效应方法（温忠麟 等，2004），检验公司投资机会、成长性是否在管理者能力与股价同步性之间发挥中介效应。具体的检验结果如表 5-14 所示。

表 5-14　管理者能力与股价同步性：考虑投资机会、成长性中介变量

变量	(1) SYNCH	(2) TOBINQ	(3) SYNCH
TOBINQ			-0.0950^{***}
			(0.00765)
MA	-0.243^{**}	0.922^{***}	-0.155
	(0.0971)	(0.233)	(0.0984)
First	0.154	-0.168	0.138
	(0.158)	(0.382)	(0.157)
Size	0.129^{***}	-1.235^{***}	0.0117
	(0.0239)	(0.0756)	(0.0252)
Lev	-0.378^{***}	-0.222	-0.399^{***}
	(0.0815)	(0.223)	(0.0816)
Roe	-0.226^{***}	1.448^{***}	-0.0882
	(0.0744)	(0.202)	(0.0751)
BIG4	0.00462	-0.279^{**}	-0.0219
	(0.0985)	(0.127)	(0.0973)
Constant	-2.107^{***}	27.96^{***}	0.550
	(0.504)	(1.571)	(0.536)
Year	Yes	Yes	Yes
Company	Yes	Yes	Yes
Observations	13215	13215	13215
adj. R-sq	0.295	0.360	0.310

注：***、** 和 * 分别表示在 1%、5% 和 10% 水平上显著。

第一步，对管理者能力与股价同步性做面板固定效应回归。结果

发现,管理者能力的系数为 -0.243,且在 5% 的水平上显著,通过中介效应检验的第一步,意味着管理者能力越高,越多公司特质信息融入股价,进而股价同步性越低。

第二步,对管理者能力与公司投资机会、成长性做面板固定效应回归。将管理者能力的系数记为 a,发现 a 为 0.922,且在 1% 的水平上显著,说明管理者能力越高,公司投资机会越多,成长性越好;紧接着在原有管理者能力与股价同步性的模型加入中介变量——公司投资机会、成长性,做面板固定效应回归,其中公司投资机会的系数 b 为 -0.0950,且在 1% 的水平上显著,说明公司投资机会多、成长性好的公司会通过改变财务政策向投资者传递投资信息,增加股价特质信息含量,降低股价同步性,因为系数 a、b 均显著且正负符合预期,意味着管理者能力对股价同步性的影响至少有一部分是通过公司投资机会、成长性实现的,继续第三步检验。

第三步,发现 d 为 -0.155,但不显著,这说明是完全中介效应,即管理者能力对股价同步性的影响完全通过公司投资机会来实现,证明中介机制的成立,支持本章假设 5-5。

尽管按照分步检验中介机制的方法得到管理者能力对股价同步性的影响完全通过公司投资机会、成长性来实现,但是为了检验的完备性,继续进行第四步,即对管理者能力与股价同步性做中介效应 Sobel 检验,检验结果如表 5-15 所示。

表 5-15　中介效应 Sobel 检验的结果

变量	Coef	Std Err	Z	$P>|Z|$
Sobel	-0.01764362	0.00541233	-3.26	0.00111455
Goodman-1(Aroian)	-0.01764362	0.00544423	-3.241	0.00119197
Goodman-2	-0.01764362	0.00538025	-3.279	0.00104054

续表

变量	Coef	Std Err	Z	$P>|Z|$
a coefficient	0.474832	0.134504	3.53026	0.000415
b coefficient	-0.037158	0.004375	-8.49362	0
Indirect effect	-0.017644	0.005412	-3.25989	0.001115
Direct effect	-0.269668	0.067657	-3.98582	0.000067
Total effect	-0.287311	0.067807	-4.23721	0.000023
中介效应与总效应之比			0.06140937	
间接效应与直接效应之比			0.06542722	
总效应与直接效应之比			1.0654272	

注:根据 Mac Kinnon 等(2002)提供的临界值表,$|Z|>0.9115$,P<5%。

表 5-15 的检验结果表明,管理者能力与股价同步性中介效应 Sobel 检验统计值 Z 值为-3.26,P 值为 0.00111455,在 1%的显著性水平下通过 Sobel 中介效应检验,说明公司投资机会、成长性在管理者能力与股价同步性关系中发挥的中介效应显著。综上所述,管理者能力越高,企业投资机会越好、成长性越高,这类企业通过调整财务政策向投资者传递交易信息,增加股价中特质信息含量,从而降低股价同步性,中介效应显著。

6 管理者能力与企业战略风险承担："迎风而上"还是"遇险而退"

6.1 管理者能力与企业战略风险承担研究概述

2008 年金融危机前,市场主要聚焦于企业业绩增速和盈利能力,金融危机爆发之后开始越发注重企业的风险承担能力,这引发了各界对企业风险承担水平的进一步探究。另外,企业的战略决策直接关系到企业的长期发展和绩效,也受到了大家的重点关注。而战略风险承担将风险承担与战略选择联系起来,它不仅是企业管理者面对复杂经济环境不确定性的一种适应性行为,也是一种资源占用型行为,同时还是管理者对资源分配的主动性战略选择(Palmer and Wiseman,1999)。一方面,企业积极承担战略风险有助于推动企业快速发展,提升企业的投资收益率和绩效水平,然而过度的战略风险承担也可能会使企业遭遇财务困境;另一方面,消极逃避战略风险承担的企业虽然收益相对稳定,但也可能导致企业创新动力不足,无法持续发展壮大。如今,我国经济已经由高速增长阶段转向高质量发展阶段,正处在转变发展方式、优化经济结构和转换增长动力的攻关期。实体经济是经济发展的根基,而企业作为发展实体经济的重要载体,亟须以积极的态度面对战略风险,加快实现战略的转型升级和刱新发展来提升我国经济的潜在产出及增长潜力。企业战略风险承担不仅关乎微观企业的健康成长和持续经营,而且事关我国宏观经济高质量发展的全方位推进,因此日渐引起了实务界和理论界的广泛关注和研究。

现有的研究主要从企业层面与管理者层面考察企业战略风险承担的影响因素。在企业层面主要涉及组织伦理氛围(Saini and Martin,2009)、IT 部门决策权(Ling,2014)、企业绩效反馈机制(郭蓉、文巧甜,2019)等企业个体差异。而管理者层面,主要关注名人称号(吕文栋 等,2020)、出生顺序(Campbell et al.,2019)、谨慎程度(Benischke et al,2018)、社会阶级(Kish-Gephart and Campbell,2015)和早年的灾害经历(Bernile et al.,2017)等管理层特征与企业战略风险承担的关系。以往研究较少研究管理者能力如何影响企业战略风险承担水平,而根据高阶梯队理论,由于管理者能力也是管理层特质的一种具体表现,也可能直接对企业战略风险承担水平产生重大影响。一方面,基于委托代理理论,企业的利益相关者间存在信息不对称问题,高能力的管理者倾向于在风险规避行为中牟取更丰厚的私利,故而采取更为保守的投资决策行为,进而在管理者追求个人福利最大化而背离股东利益最大化的过程中降低企业的战略风险承担水平;另一方面,基于管家理论和马斯洛需求层次理论中管理者对自我实现的需求,能力越强的管理者可以更精准地把握行业现状与企业定位,更容易发现并把握住高风险投资机会以获取高额回报,从而在管理者追求自我实现的个人目标和股东利益最大化的经营目标的过程中促进企业战略风险承担水平的提升。那么面对企业战略风险承担决策,高能力的管理者是会选择"迎风而上"还是"遇险而退"呢?

基于上述竞争性的理论逻辑,本章以沪深两市 A 股非金融类上市公司为研究对象,采用 DEA-Tobit 模型度量管理者能力,考察了管理者能力对企业战略风险承担的影响,并对其作用机制进行了分析。结果发现,管理者能力会抑制企业战略风险承担水平,而这种抑制作用部分是通过降低战略激进度来实现的。进一步研究发现,更完善的公司内外部治理机制和更高的经济政策不确定性能缓解管理者能力与企业战略风险承担之间的负向关系,且对于所在地区市场化程度更高、违约风险更低、融资约束更强的上市公司来说,管理者能力对企业战略风险承担的抑制作用更为显著。

本章的主要创新点和研究贡献体现在以下三个方面。

第一,本章研究了管理者能力对企业战略风险承担的影响及中介机制,丰富了高阶梯队理论关于管理者特质如何影响企业战略风险承担的文献,并提供了委托代理理论与管家理论在我国企业经营管理中适用性的经验证据。现有研究对于管理者能力如何影响战略风险承担的角度仍不全面,而主要是从名人称号(吕文栋 等,2020)、出生顺序(Campbell et al.,2019)、谨慎程度(Benischke et al.,2018)、社会阶级(Kish-Gephart and Campbell,2015)和早年的灾害经历(Bernile 等,2017)等角度深入探讨管理者能力与企业战略风险承担的关系。这些研究中,何威风等(2016)的研究与本章主题最相关,但该研究仅考察了管理者能力对企业风险承担的影响,并未将企业的战略选择及作用机制考虑进来。而实际中,企业的战略直接关系到企业的发展。因此,本章将企业风险承担与战略选择结合起来,探讨管理者能力对战略风险承担的影响及作用机制,并深入研究战略激进度的中介效应和公司内部治理的调节效应,不仅完善了高阶梯队理论关于管理者特质如何影响战略风险承担的文献,而且还有助于验证委托代理理论与管家理论在我国企业经营管理中的实用性。

第二,本章从公司外部治理机制和经济政策不确定性等外部视角,拓展了高阶梯队理论的研究边界。以往对管理者特征与战略风险承担之间关系的研究,主要从管理层特征等企业内部因素进行讨论,忽略了外部因素在企业战略风险承担过程中的重要作用。因此,本章进一步研究了公司外部治理机制和经济政策不确定性对管理者能力与战略风险承担之间关系的影响,拓展了高阶梯队理论中管理者在外部因素作用下调整企业战略经营行为的相关研究。

　　第三,本章从管理者能力视角考察战略风险承担问题,进一步拓展了管理者能力的经济后果研究。本章通过一系列异质性分析加深了管理者自身存在的个人福利最大化与股东利益最大化矛盾问题的理解,有助于了解管理者在面临战略风险承担决策时的权衡过程,能够为制定定向优惠政策、改革公司治理制度及投资者投资决策提供良好的启示。

6.2　理论分析与研究假设

6.2.1 管理者能力与企业战略风险承担

　　结合管理者特征理论(Bertrand and Schoar,2003)和高阶梯队理论(Hambrick and Mason,1984),管理者个人特质与管理者的战略选择息息相关,这也必定会影响到企业的经营管理绩效。鉴于企业内外部环境的复杂性与管理者认知的局限性,在面临具有较高风险的战略决策时,管理者只能在其视野范围内获得相对有限的信息,这可能激发其对未知领域的谨慎心理,从而使其倾向于规避较高的战略风险承担水平(Benischke et al.,2018)。此外,管理者对事物的理解也取决于其特有的认知结构(Kish-Gephart and Campbell,2015)和价值观(Bernile et al.,2017),因此管理者能力作为管理者特质的表现之一,会影响到企业的战略选择与决策,从而影响企业的战略风险承担水平。

基于委托代理理论,管理者与股东之间存在利益不一致的问题。从管理者短期个人效用视角来看,薪酬与闲暇是管理者短期效用的两大来源,出于对自身利益的考虑,管理者往往过多关注企业短期绩效以获取股东信任和支持,同时还会产生风险厌恶情绪,因此会选择放弃耗费更多个人精力的高风险投资项目及充满不确定性的未来绩效,但这实际上背离了企业长期经营目标。在理性人假设下,一方面,能力更突出的管理者为了个人效用最大化会降低风险承担水平而采取保守的投资决策(Eisenmann,2002);另一方面,更杰出的管理者能够采取更多的方式维护自身利益,通过多种渠道提高自身收入和维护职权稳定,更加容易逃脱企业的内外部监督,进行自利行为以达到自身效用的最大化,即能力高的管理者更有能力和动机表现出机会主义(Shleifer and Vishny,1989)。因此拥有更高能力的管理者,更具备在自身风险规避行为中谋求更优厚私利的能力,并倾向于采取更保守的战略风险决策。

从管理者长期职业发展视角来看,为了谋求自身职业生涯的更好发展,管理者会尽力树立良好的职业道德和社会声誉。能力高的管理者会更关注自身职业前景,期望凭借更好的声誉在经理人市场中获得竞争优势,以获得更高薪酬或职业晋升(张铁铸、沙曼,2014)。具体表现为能力更高的管理者在战略决策过程中会更审慎地选择风险投资项目,尤其是当难以通过多元化投资来分散风险时。此时,高能力管理者会尽可能减少选择不确定性极高的项目,极力避免采取那些可能导致自身能力受到质疑的高风险行为。综上分析,我们提出本章的第一个假设。

假设 6-1a:管理者能力会抑制企业战略风险承担水平。

基于管家理论和马斯洛需求层次理论,一方面,高能力管理者通常具有更强的综合能力,可以更好地进行自我约束以保证经营决策的正确性和股东利益最大化的目标。他们通常能够更精准地把握行业现状与企业定位，更容易发现并把握投资机会，提高资金配置效率（张敦力、江新峰，2015），做出更符合经营战略的投资决策，因此杰出的管理者追求自我实现的同时会呈现出比平庸的管理者更偏好较高的战略风险承担水平的现象。此外，更高能力的管理者也可能出现过度自信的认知偏差（Simon and Susan，2003）。而管理者过度自信会导致其盲目乐观地过高估计投资项目的预期现金流或过低评估项目所带来的风险，造成对未来现金流的错判（Malmendier and Tate，2005），从而使得企业发生过度投资（姚立杰 等，2020）或短贷长投（孙凤娥，2019），进而导致风险承担水平的提高（Li and Tang，2010）。

从另一方面来说，具有较强能力的管理者倾向于提高企业信息透明度（王霞 等，2008）和信息披露质量（Demerjian et al.，2013），从而提高企业整体的内部控制质量（沈烈、郭阳生，2017）。在这种情况下，管理者的过度自利行为势必得到抑制，这也会减少管理者不作为的现象，进而降低企业投资不足发生的可能性，此时管理者会选择相对更为大胆激进的战略，企业的战略风险承担水平也会提升。综上，提出本章的另一个竞争性假设。

假设 6-1b：管理者能力会提升企业战略风险承担水平。

后文通过实证研究发现管理者能力会抑制企业战略风险承担水平，因此下文是在该结论（即假设 6-1a）的基础上提出中介效应和调节效应的研究假设的。

6.2.2 管理者能力、战略激进度与企业战略风险承担

企业的经营战略激进与否势必与一家企业代表性人物或组织结构

的特征相联系(巫景飞 等,2008)。基于高层梯队理论(Hambrick and Mason,1984),管理者作为企业运营体制中的掌权人,在企业投资方向制定、融资方式选择及产品定位等大小决策中发挥着不可替代的决定性作用,其个人特征也会体现在企业战略选择上,而企业战略显然影响着投资项目是部署于高风险领域还是稳健收益领域,这揭露了管理者能力影响企业战略风险承担的一条潜在机制。

当企业委托代理矛盾突出时,高能力管理者出于个人效用最大化的决策原则,同时考虑到自身职业前景,更青睐维持企业现有的经营模式而排斥大刀阔斧地创新改革,更倾向选择提高企业短期绩效的投资项目而放弃可能在未来为企业带来更高效益的高风险项目。因此,在这种机会主义主导下,高能力管理者选择更为保守的投资决策(Eisen-mann,2002),即防御型战略。

采取防御型战略的企业风险偏好低,在面对进行研发创新、扩大资本支出和负债水平等战略决策时持保守态度,因而面临的市场不确定性会更低,具有的战略风险承担水平更低。由此可见,能力较高的管理者可能出于自利动机而选择更为保守的防御型战略,进而导致企业承担更低的战略风险。综上,提出以下假设。

假设 6-2:能力较高的管理者出于自利动机倾向于降低战略激进度,从而降低企业战略风险承担水平。

6.2.3 管理者能力、公司治理机制与企业战略风险承担

在企业内部,结构合理和严格履责的董事会能对管理者制定非股东期望的经营决策进行有效限制(陈夙、吴俊杰,2014),因此当能力较高的管理者出于自利动机而选择承担更低的战略风险水平时,代表股

东利益的董事会可能会采取相应决策来限制管理者不合理的战略风险承担决策,即良好的公司内部治理机制将会抑制管理者过度偏离股东合意的战略风险水平。

而在企业外部,机构投资者因其持股数量通常较大且具备监督管理层和企业行为的专业知识从而成为避免代理成本发生的外部治理机制的重要组成部分(李万福 等,2020)。机构投资者作为企业经营成果的直接利益相关方,有动力加大对管理层的监督约束力度,使其提高盈余披露时的准确度(高敬忠 等,2011),从而即使能力杰出的管理者也难以通过报表粉饰等手段掩盖过低的风险承担所造成的盈余缩水。此外,机构投资者具有的社会关系网络能使其更好地发挥治理效应来尽可能避免委托代理问题(田昆儒 等,2021)。因此,机构投资者在能力较高的管理者为保全自身利益而选择偏离机构投资者合意的战略风险时可以通过治理机制约束管理者的不当行为。基于上述分析可见,公司内外部治理机制会在企业经营中充当"调节器",减少管理者的机会主义行为,从而减缓管理者能力对企业战略风险承担水平的抑制作用。故提出如下假设。

假设 6-3:公司的内外部治理机制均会削弱管理者能力对企业战略风险承担的抑制作用。

6.2.4 管理者能力、经济政策不确定性与企业战略风险承担

从机遇预期假说看,当经济政策不确定性较高时,能力较强的管理层可能通过积极承担风险(刘志远 等,2017)或提高 R&D 投入(Vo and Huang,2017)来抓住发展机遇,进一步提高企业的市场地位以获取直接的薪酬奖励或在经理市场上提升人力价值。企业经营者虽然受到自

利动机制约而畏惧承担战略风险后可能带来的人力价值损失和职位安全性降低,但在高不确定性时期,即使因选择相对激进的战略风险决策而蒙受损失,管理者仍可以将其归咎于外在的不确定性而非自身经营管理能力的不足,从而避免了人力市场上的声誉损失和被撤职的风险。此外,能力杰出的管理者更容易出现过度自信导致的投资决策失误(姚立杰 等,2020;Simon and Susan,2003;田祥宇 等,2018),使其在不确定性带来的机遇之下高估项目成功概率,进而提高战略风险承担水平。因此,在经济政策不确定性高能时期,有能力的管理者可能会更具冒险精神,期望在不确定性中寻找具有超额收益的投资机会提前布局,积极把握不确定性带来的企业和个人的发展机遇。结合上述分析,提出如下假设。

假设 6-4:经济政策不确定性会削弱管理者能力对企业战略风险承担的抑制作用。

6.3　研究设计

6.3.1 样本选择与数据来源

本章以 2010—2020 年沪深两市 A 股上市公司为研究样本,对数据进行如下处理,最终得到 15555 个观测值:(1)剔除金融类上市公司;(2)剔除 ST、＊ST、PT 上市公司;(3)剔除样本期间信息披露不完整的上市公司;(4)对所有连续变量进行 1％～99％ 的 Winsorize 处理。本章的数据除机构投资者持股比例来自 Wind 数据库和经济政策不确定性指数来自 www.policyuncertainty.com 外,其余数据均来自国泰安(CSMAR)数据库。

6.3.2 变量定义

（1）被解释变量

拥有较高战略风险承担的企业会为了扩大市场占有率等经营目标而表现出更积极的研发和创新倾向。然而,扩大研发投入来开拓蓝海领域会使管理者面临巨大的技术和市场不确定性,使其对研发投入的产出效率及业内竞争者的博弈决策的预测准确度下降,从而会提高企业决策的战略风险(吕文栋 等,2020;张金涛 等,2021)。因此本章借鉴吕文栋等(2020)和张金涛等(2021)的研究,采用研发强度即研发投入与营业收入的比值来衡量战略风险承担水平,用 St 表示。

（2）解释变量

本章借鉴 Demerjian 等(2012)、张铁铸和沙曼(2014)的研究,采用两阶段 DEA-Tobit 模型计算管理者能力。第一步采用如下数据包络分析法对行业内企业的效率进行估计。

$$\max = \frac{\text{Sales}}{v_1 \text{COGS} + v_2 \text{SG\&A} + v_3 \text{PPE} + v_4 \text{Intangible} + v_5 \text{Goodwill} + v_6 \text{R\&D}}$$

$$(6.1)$$

其中,Sales 代表营业收入,用来衡量企业产出;COGS 代表营业成本,SG&A 代表销售及管理费用,PPE 代表固定资产净值,Intangible 代表除商誉外的无形资产,Goodwill 代表商誉,R&D 代表研发支出,均用来衡量企业投入。由式(6.1)计算得出的企业效率 Efficiency 数值在 0 与1 之间。企业效率除了受到企业因素(如规模优势等)的影响外,还受到管理者能力的影响,因此,管理者能力的测算需要剔除企业因素的影响。基于此,本章通过构建 Tobit 模型来测算各行业企业的管理者能力。

$$Efficiency = \partial_0 + \partial_1 Size + \partial_2 MS + \partial_3 FCF + \partial_4 Age +$$
$$\partial_5 BHHI + Year + \varepsilon \tag{6.2}$$

其中,Size 为企业规模,MS 为企业市场份额,FCF 为自由现金流,Age 为成立年限,BHHI 为业务复杂性,Year 代表年份固定效应,ε 则是模型回归残差即管理者能力指标(MA)。

(3)中介变量

本章借鉴 Bentley 等(2013)的方法对战略激进度进行量化:首先,计算研发支出占销售收入的比重、员工人数与销售收入之比、销售收入增长率、销售及管理费用与销售收入比值、员工人数波动性及固定资产与总资产比值这 6 个指标;其次,将上述指标分别取过去 5 年均值后按年度和行业进行分组;再次,上述指标在每个年度—行业组中按大小再均分为 5 组,除最后一个指标外的 5 个指标由小到大依次赋值 1~5 分,固定资产与总资产比值的赋值方式与之相反,由大到小依次赋值 1~5 分;最后,对观测期内的样本将上述分值加总得到取值范围在 6~30 分的代理变量 Stra。该值与战略激进程度呈正相关,即 Stra 得分越高代表战略激进度越高。进一步,本章把 Type 作为 Stra 的替代变量,当 Stra≥24 时定义为进攻型企业,赋值 2;而 Stra≤6 时定义为防御型,赋值 0;剩余企业为分析型,赋值 1。

(4)调节变量

本章共有三个调节变量,分别为公司内部治理机制、公司外部治理机制和经济政策不确定性指数。

公司内部治理机制的度量借鉴白重恩等(2005)对公司内部治理的

度量方式,采用董事长与总经理两职合一、第一大股东持股比例、独立董事比例、董事会和高管持股比例、董事会规模、高管薪酬前三名总额、监事会持股比例这 8 项指标进行主成分分析,提取第一大主成分将其作为公司内部治理指数(Corpg),这一指数越大表明公司内部治理越有效。

公司外部治理机制的度量借鉴高敬忠等(2011)的方法,使用机构投资者持股比例作为公司外部治理的度量方式。

经济政策不确定性指数的度量借鉴 Baker 等(2016)和 Davis 等(2019)的经济政策不确定性月度指数,并进一步取当年中 12 个月的算术平均值除以 100 后构建出两个年度经济政策不确定性指数作为代理变量。[①]

(5)控制变量

参考何威风等(2016)和张金涛等(2021)的研究,本章的主要控制变量包括企业性质(State)、企业规模(Lnsize)、偿债能力(Debt)、盈利能力(Roa)、成长能力(Oigrowth)、持股结构(Stockhold)和上市年龄(Lnage)。

主要变量的具体定义和度量方法如表 6-1 所示。

表 6-1 主要变量定义

含义	符号	度量方式
战略风险承担	St	研发投入占营业收入的比值
管理者能力	MA	借鉴 Demerjian 等(2012)的做法,采用两阶段 DEA-Tobit 模型计算
企业性质	State	若上市公司最终实控人为政府赋值为 1,否则为 0
企业规模	Lnsize	企业年末总资产的自然对数

---

① Baker 等(2016)和 Davis 等(2019)的经济政策不确定性指数数据均来自 www.policyuncertainty.com。

续表

含义	符号	度量方式
偿债能力	Debt	企业年末总负债与总资产的比值
盈利能力	Roa	企业本年度净利润与总资产的比值
成长能力	Oigrowth	企业营业收入增长率
持股结构	Stockhold	企业第一大股东年末持股比例
上市年龄	Lnage	样本年份与上市年份差的自然对数

6.3.3 模型设计

为检验管理者能力对战略风险承担的影响，以及战略激进度在管理者能力与战略风险承担之间的中介效应，本章构建了如下三个回归模型。

$$\mathrm{St}_{i,t} = \alpha_0 + \alpha_1 \mathrm{MA}_{i,t} + \alpha_2 \mathrm{Controls}_{i,t} + \sum \mathrm{Industry} + \sum \mathrm{Year} + \varepsilon_{i,t}$$
$$(6.3)$$

$$\mathrm{Stra}_{i,t} = \beta_0 + \beta_1 \mathrm{MA}_{i,t} + \beta_2 \mathrm{Controls}_{i,t} + \sum \mathrm{Industry} + \sum \mathrm{Year} + \varepsilon_{i,t}$$
$$(6.4)$$

$$\mathrm{St}_{i,t} = \gamma_0 + \gamma_1 \mathrm{MA}_{i,t} + \gamma_2 \mathrm{Stra}_{i,t} + \gamma_3 \mathrm{Controls}_{i,t} + \sum \mathrm{Industry} +$$
$$\sum \mathrm{Year} + \varepsilon_{i,t} \qquad (6.5)$$

其中，下标 i 表示第 i 个样本，下标 t 表示第 t 年，被解释变量 St 表示战略风险承担，解释变量 MA 表示管理者能力，中介变量 Stra 表示战略激进度，Controls 是本章选取的控制变量。Industry 和 Year 分别代表行业和年份固定效应，ε 为残差。模型(6.3)考察管理者能力对战略风险承担的影响。参考温忠麟等(2004)的中介效应三步检验法，模型(6.3)～(6.5)用于考察战略激进度的中介效应。

此外，本章还通过建立模型(6.6)来检验假设 6-3。

$$\mathrm{St}_{i,t} = \alpha_0 + \alpha_1 \mathrm{MA}_{i,t} + \alpha_2 \mathrm{Corpg}_{i,t} + \alpha_3 \mathrm{Corpg}_{i,t} \times \mathrm{MA}_{i,t} +$$
$$\alpha_4 \mathrm{Controls}_{i,t} + \sum \mathrm{Industry} + \sum \mathrm{Year} + \varepsilon_{i,t} \qquad (6.6)$$

模型(6.6)中除了公司内部治理指数 Corpg 和内部治理指数 Corpg 与管理者能力 MA 的交互项外,其他变量均与模型(6.3)中的变量含义相同。对于模型(6.6),本章主要关注公司内部治理指数和管理者能力交互项的系数 α_3 和管理者能力的系数 α_1:如果 α_1 显著小于 0 且 α_3 显著大于 0,那么假设 6-3 得到验证,即公司治理机制能缓解管理者能力对企业战略风险承担水平的抑制作用。

最后,为了验证假设 6-4,构建模型(6.7)。

$$\mathrm{St}_{i,t} = \alpha_0 + \alpha_1 \mathrm{MA}_{i,t} + \alpha_2 \mathrm{Epu} + \alpha_3 \mathrm{Epu} \times \mathrm{MA}_{i,t} + \alpha_4 \mathrm{Controls}_{i,t} +$$
$$\sum \mathrm{Industry} + \sum \mathrm{Year} + \varepsilon_{i,t} \qquad (6.7)$$

模型(6.7)中除了经济政策不确定性指数 Epu 和经济政策不确定性指数 Epu 与管理者能力 MA 的交互项外,其他变量均与模型(6.3)中的变量含义相同。对于模型(6.7),本章主要关注经济政策不确定性指数和管理者能力交互项的系数 α_3 和管理者能力的系数 α_1:如果 α_1 显著小于 0 且 α_3 显著大于 0,那么就验证了假设 6-4,即经济政策不确定性能缓解管理者能力对企业战略风险承担水平的抑制作用。

6.4　实证结果与分析

6.4.1 描述性统计与相关性分析

表 6-2 给出了主要变量的描述性统计结果。可以看到,样本企业

战略风险承担均值为 0.042,中位数为 0.034,而最大值为 0.247,最小值为 0,说明多数企业战略风险承担水平较低,并且差异化明显。管理者能力均值和中位数分别为 -0.009 和 -0.015,最大值及最小值为 0.357 和 -0.298,表明样本期内我国多数企业管理者能力较低,未能对企业的生产效率施加积极影响,并且不同企业的管理者能力存在明显区别。结合以上分析可见,我国上市公司战略风险承担水平普遍较低的现象与未能有效转化为生产效率的管理层能力之间是否存在联系,值得研究。

表 6-3 给出了主要变量的相关系数。可以看到,管理者能力与战略风险承担水平显著负相关,这为管理者的风险规避假说提供了初步支撑。此外,国有性质、企业规模、负债水平、第一大股东持股比例及上市年龄也与企业战略风险承担水平呈显著负相关。

表 6-2 主要变量描述性统计

变　量	Obs	均值	标准差	最小值	中位数	最大值
St	15555	0.042	0.042	0	0.034	0.247
MA	15555	-0.009	0.122	-0.298	-0.015	0.357
State	15555	0.353	0.478	0	0	1
Lnsize	15555	9.641	0.560	8.651	9.562	11.370
Debt	15555	0.429	0.203	0.050	0.424	0.905
Roa	15555	0.021	0.025	-0.049	0.018	0.107
Oigrowth	15555	0.192	0.500	-0.558	0.099	3.308
Stockhold	15555	0.347	0.144	0.093	0.329	0.733
Lnage	15555	0.940	0.315	0.301	0.954	1.491

表 6-3 主要变量相关性分析

变 量	St	MA	State	Lnsize	Debt	Roa	Oigrowth	Stockhold	Lnage
St	1	−0.185***	−0.267***	−0.328***	−0.364***	0.086***	0.027***	−0.175***	−0.287***
MA	−0.203***	1	−0.017**	0.048***	0.006	0.355***	0.226***	0.056***	0.003
State	−0.209***	−0.014*	1	0.359***	0.309***	−0.188***	−0.134***	0.210***	0.483***
Lnsize	−0.268***	0.020**	0.377***	1	0.542***	−0.041***	−0.009	0.149***	0.484***
Debt	−0.338***	0.009	0.316***	0.531***	1	−0.379***	−0.033***	0.069***	0.391***
Roa	0.006	0.370***	−0.161***	−0.022***	−0.368***	1	0.305***	0.079***	−0.217***
Oigrowth	−0.014*	0.251***	−0.091***	0.013	0.006	0.187***	1	−0.023***	−0.155***
Stockhold	−0.158***	0.049***	0.217***	0.203***	0.069***	0.084***	−0.011	1	−0.069***
Lnage	−0.220***	−0.001	0.473***	0.455***	0.401***	−0.185***	−0.061***	−0.070***	1

注：*，**和***分别表示在 10%、5%和 1%的水平上显著。

6.4.2 基准回归结果

本章的基准回归检验结果见表 6-4。结果（1）为加入控制变量、行业和时间固定效应的条件下使用 OLS 模型的回归结果；结果（2）更改设定为面板数据形式，回归中控制企业个体和时间固定效应；结果（3）是在结果（1）基础上增加省份固定效应得到的。从上述检验可以看到管理者能力会显著抑制企业的战略风险承担水平，且不受模型设定形式的影响，假设 6-1a 得到验证，说明管理者受委托代理问题影响并未将其管理技能运用在经营之中，反而追逐自身利益降低了企业战略风险承担水平。

我国经济迈入转型期后需要企业勇于承担开拓领域和革新技术的风险，积极进行创新以提高全要素生产率，但目前上市公司中能力突出的管理者并未回应这些期待。从外部环境看，我国行业兴衰更迭速度相较发达国家更快，跨行业投资和技术创新存在较大失败风险，并且金融市场发展仍不完善，融资渠道缺失也成了管理者进行风险承担的一大外部制约。从企业内部看，上市公司管理层本身就已处于社会阶级上层，在项目抉择时成功实现高收益高风险项目带来的边际收益远低于失败时导致的人力资本及声誉损失，因此管理层首先会出于自利动机而选择低风险项目。其次，管理层惩罚机制不完善促使管理者自利行为更加肆无忌惮。除实控人外的多数股东并不能有效识别、监督并惩罚管理者的自利行为，而这一部分实控人又通常与管理者存在密切联系，所以在这一类委托代理问题中管理者占据了优势地位。综上所述，管理者一方面畏惧外部环境不确定性所导致的更高的失败风险，另一方面难以缓解委托代理问题导致的强烈自利动机，这都促使高能力管理者进行战略风险规避。在控制变量中,上市年龄、企业规模、国有性质、负债水平及第一大股东持股比例都与企业的战略风险承担水平存在显著的负向影响,这与吕文栋等(2020)和张金涛等(2021)的研究结论总体上一致。

表 6-4　管理者能力与企业战略风险承担水平回归结果

变　量	(1) St	(2) St	(3) St
MA	-0.074^{***}	-0.036^{***}	-0.074^{***}
	(-23.27)	(-7.65)	(-31.20)
Lnage	-0.009^{***}	-0.010^{**}	-0.008^{***}
	(-8.03)	(-2.52)	(-6.80)
Lnsize	-0.003^{***}	0.007^{***}	-0.004^{***}
	(-3.98)	(3.32)	(-6.03)
State	-0.001	-0.002	-0.002^{***}
	(-1.29)	(-1.03)	(-2.80)
Oigrowth	0.001	-0.003^{***}	0.001
	(1.18)	(-6.24)	(1.28)
Debt	-0.041^{***}	-0.027^{***}	-0.038^{***}
	(-20.15)	(-7.35)	(-21.84)
Roa	0.014	-0.048^{***}	0.023^{+}
	(0.87)	(-2.74)	(1.73)
Stockhold	-0.014^{***}	-0.003	-0.013^{***}
	(-7.17)	(-0.56)	(-6.84)
常数项	0.069^{***}	-0.010	0.108^{***}
	(11.61)	(-0.50)	(18.67)
Observations	15555	15555	15555
Industry	Yes	No	Yes
Province	No	No	Yes

续表

变　量	(1) St	(2) St	(3) St
Company	No	Yes	No
Year	Yes	Yes	Yes
adj. R-sq	0.407	0.087	0.420

注：*、** 和 *** 分别表示在 10%、5% 和 1% 的水平上显著；括号内为稳健标准误的 t 值。

6.4.3 稳健性测试

首先，参考 Cornaggia 等（2017）的研究将管理者能力九等分，由低到高序量化赋值后生成管理者能力的离散替代变量（Marank）检验管理者能力和企业战略风险承担水平之间的关系。表 6-5 回归结果（1）仍与上文结论相同。其次，借鉴吕文栋等（2020）和 Martin 等（2013）的研究，我们将衡量战略风险承担因变量由研发投入占营业收入的比重替换为资本强度指标（Stcap）和基于因子分析对研发投入、资本支出和长期负债降维后得到的综合指标（Stf），再次进行上文的检验步骤，表 6-5 列（2）～（5）表明管理者能力对战略风险承担水平的抑制效应并不随变量替换而改变。本部分检验说明主要结论并不会因为关键变量的度量方式不同而产生变化。

表 6-5　稳健性检验结果

变量	(1) St	(2) Stcap	(3) Stcap	(4) Stf	(5) Stf
MA		-0.015^{***} (-4.65)		-0.616^{***} (-13.21)	
Marank	-0.321^{***} (-25.48)		-0.058^{***} (-4.15)		-0.029^{***} (-13.82)

续表

变量	(1) St	(2) Stcap	(3) Stcap	(4) Stf	(5) Stf
常数项	8.735 ***	0.040 ***	4.351 ***	−13.181 ***	−13.012 ***
	(14.58)	(4.69)	(5.03)	(−54.76)	(−54.75)
Observations	15555	15550	15550	15550	15550
Controls	Yes	Yes	Yes	Yes	Yes
Industry	Yes	Yes	Yes	Yes	Yes
Year	Yes	Yes	Yes	Yes	Yes
adj. R-sq	0.405	0.182	0.182	0.572	0.572

注:表中控制变量的选取与基准回归相同,下同;在使用 Marank 作为代理变量时,将被解释变量以百分数(%)形式呈现以达到系数可观测的目的。

对于回归检验中可能存在的内生性问题,本章采用以下四种方法进行处理。首先,将所有连续型解释变量均滞后一期来缓解反向因果问题,结果如表 6-6 列(1)所示,回归系数仍在 1% 水平上显著为负。其次,使用变量差分形式进行回归,降低存量因素可能导致内生性问题的影响,表 6-6 列(2)的管理者能力系数表明管理者能力对企业战略风险承担有负面影响,这个结果与上文保持一致。进一步,为了控制样本选择偏误问题,本章将管理者能力分年度按中位数进行分组,然后分别使用了倾向得分匹配(PSM)的邻近匹配、核匹配和半径匹配法进行样本适配后再次回归,结果展示在表 6-6 的列(3)~(5),可以看到并未发生系数符号及显著性的改变。最后,计算同行业内本年度除本企业外所有样本的管理者能力均值作为本企业管理者能力的工具变量进行2SLS 回归,这一工具变量能同时满足外生性和相关性。不可识别检验的 Kleibergen-Paap rk LM 统计量显著拒绝原假设。表 6-6 列(6)为2SLS 第二阶段回归结果,表明管理者能力系数仍显著为负。总体而言,在控制内生性问题后,管理者能力对战略风险承担的负向作用依然稳健。

表 6-6　内生性检验结果

变　量	(1) 滞后模型 St	(2) 差分模型 St	(3) 邻近匹配 St	(4) 核匹配 St	(5) 半径匹配 St	(6) 2SLS St
MA	−0.067 ***	−0.014 ***	−0.074 ***	−0.074 ***	−0.074 ***	−0.029 ***
	(−18.69)	(−3.75)	(−23.28)	(−23.28)	(−23.28)	(−3.20)
常数项	0.069 ***	−0.000	0.069 ***	0.069 ***	0.069 ***	0.065 ***
	(10.45)	(−0.35)	(11.75)	(11.72)	(11.72)	(10.85)
Observations	12315	12315	15535	15531	15531	15555
Controls	Yes	Yes	Yes	Yes	Yes	Yes
Industry	Yes	Yes	Yes	Yes	Yes	Yes
Year	Yes	Yes	Yes	Yes	Yes	Yes
adj. R-sq	0.393	0.049	0.407	0.407	0.407	0.393
		Instrument Variable Validity Test				
K-P rk LM P-Value		0.0000	K-P rk W F statistic			73.393[16.38]

注：* 、** 和 *** 分别表示在 10%、5% 和 1% 的水平上显著；括号内为稳健标准误的 t 值。

6.4.4 战略激进度中介效应

表 6-7 列(1)表明在 1% 显著性水平下管理者能力对战略激进度存在抑制作用,能力卓越的管理者更倾向于选择偏保守而非激进的战略。列(2)中管理者能力和战略激进度分别在 1% 水平下显著为负和正,中介效应三步法检验完成,证明战略激进度在管理者能力与战略风险承担中起到部分中介作用,假设 6-2 得到验证。并且战略激进度 Stra 对风险承担存在显著的正向作用,说明战略越激进企业的风险承担水平越高。本章使用 Sobel 法进行 500 次抽样检验得出直接效应和间接效应均显著的结论,部分中介效应成立的结论得到支持。表 6-7 列(3)和

列(4)则是将战略激进度 Stra 替换为 Type 重新进行中介效应分析的回归结果,可以看到结论未发生重大改变。而列(5)和列(6)则为将战略风险承担指标更换为资本强度后的第一步及第三步检验结果,可以看到中介效应仍然成立,机制检验的稳健性良好。

表 6-7　战略激进度中介效应检验结果

变量	(1) Stra	(2) St	(3) Type	(4) St	(5) Stcap	(6) Stcap
MA	-8.788^{***}	-0.046^{***}	-0.589^{***}	-0.056^{***}	-0.281^{***}	-0.238^{***}
	(-24.81)	(-12.78)	(-14.72)	(-15.55)	(-5.81)	(-4.82)
Stra		0.002^{***}				0.005^{***}
		(23.44)				(3.54)
Type				0.018^{***}		
				(17.08)		
常数项	20.264^{***}	0.044^{***}	1.831^{***}	0.059^{***}	-1.859^{***}	-1.958^{***}
	(14.03)	(3.81)	(16.68)	(4.69)	(-14.58)	(-15.02)
Observations	8306	8306	8306	8306	8301	8301
Controls	Yes	Yes	Yes	Yes	Yes	Yes
Industry	Yes	Yes	Yes	Yes	Yes	Yes
Year	Yes	Yes	Yes	Yes	Yes	Yes
adj. R-sq	0.150	0.458	0.0813	0.441	0.659	0.659

Bootstrap Test Result				
	Coef.	Std. Err.	z	95% Conf. Interval
Indirect Effect	-0.0209226	0.001251	-16.73	$-0.0233737, -0.0184715$
Direct Effect	-0.0461549	0.003556	-12.98	$-0.0531245, -0.0391852$

注:*、** 和 *** 分别表示在 10%、5% 和 1% 的水平上显著;括号内为稳健标准误的 t 值。

6.4.5 公司治理机制调节效应

表 6-8 列(1)~(3)展示了公司内部治理对管理者能力和战略风险承担之间抑制作用的调节效应,发现交互项在 10％水平下显著削弱管理者能力对战略风险承担的抑制作用,并且 Corpg 在 1％水平下显著促进风险承担行为,说明良好的公司内部治理结构能给管理者自利行为制造更大压力,降低管理者为保护职位安全而进行异常且不合理的风险规避。列(2)和列(3)进一步按中位数对公司内部治理优劣进行分组回归,结果也表明在内部治理结构较差的企业中,管理者能力对战略风险承担的抑制作用更强。

表 6-8 中列(4)~(6)使用机构投资者持股比例 Ins 作为外部治理机制代理变量,列(4)中的机构投资者比例及其与管理者能力的交乘项均在 1％水平下显著为正,体现了外部治理也发挥了和内部治理类似的作用,提高了管理层的外部监督压力从而遏制其风险逃避心理。列(5)和列(6)也进一步使用机构投资者持股比例中位数分组,发现机构投资者持股更少的企业中管理者能力对战略风险承担的抑制作用更强。上述检验结果均证明了组织结构更完善和监督动机更强烈的治理机制能缓解委托代理问题,在管理者进行自利行为逃避风险的决策过程中起到调节作用,假设 6-3 得到验证。

表 6-8　公司治理机制调节效应的检验结果

变　量	(1) Corpg 交互项 St	(2) 内部治理好 St	(3) 内部治理差 St	(4) Ins 交互项 St	(5) 机构持股多 St	(6) 机构持股少 St
MA	−0.074 ***	−0.068 ***	−0.080 ***	−0.098 ***	−0.062 ***	−0.082 ***
	(−22.72)	(−14.35)	(−17.96)	(−15.23)	(−16.81)	(−16.12)
Corpg	0.001 ***					
	(4.08)					
MA×Corpg	0.006 *					
	(1.93)					
Ins				0.006 ***		
				(4.15)		
MA×Ins				0.065 ***		
				(5.42)		
常数项	0.071 ***	0.075 ***	0.063 ***	0.071 ***	0.068 ***	0.084 ***
	(11.08)	(9.11)	(6.30)	(11.76)	(9.33)	(7.86)
Observations	14877	7439	7438	15483	7742	7741
Controls	Yes	Yes	Yes	Yes	Yes	Yes
Industry	Yes	Yes	Yes	Yes	Yes	Yes
Year	Yes	Yes	Yes	Yes	Yes	Yes
adj. R-sq	0.413	0.430	0.398	0.412	0.428	0.389
Chi-Square		3.39			9.98	
P-Value		0.0656			0.0016	

注：* 、** 和 *** 分别表示在 10%、5% 和 1% 的水平上显著;括号内为稳健标准误的 t 值。

6.4.6 经济政策不确定性调节效应

在表 6-9 列（1）中选取 Baker 等的中国经济政策不确定性（EPU）月度指数的各月算术平均值除以 100 后的值作为代理变量，而列（2）则使用 Davis 等（2019）基于《人民日报》和《光明日报》文章关键词构建的 EPU 指数的各月算数平均值除以 100 后的值作为替代变量，结果表明交互项均在 1% 水平下显著为正，说明管理者在经济政策不确定性较高时倾向选择更多的风险承担行为，即经济政策不确定性的调节作用得到证实。在列（3）和列（4）的结果中则按照 EPU 指数中位数对样本进行分组，也同样发现低经济政策不确定性时期管理者更倾向于降低战略风险，假设 6-4 得到验证。

表 6-9　经济政策不确定性调节效应的检验结果

变　量	（1） Baker St	（2） Davis St	（3） 高 EPU St	（4） 低 EPU St
MA	-0.091^{***}	-0.096^{***}	-0.068^{***}	-0.081^{***}
	(-17.03)	(-16.41)	(-15.93)	(-17.61)
Epu	0.001^{***}	0.002^{**}		
	(2.59)	(2.51)		
Epu×MA	0.005^{***}	0.012^{***}		
	(4.17)	(4.62)		
常数项	0.094^{***}	0.097^{***}	0.102	0.106^{***}
	(10.11)	(11.23)	(1.17)	(8.45)
Observations	15555	15555	8255	7300
Controls	Yes	Yes	Yes	Yes
Industry	Yes	Yes	Yes	Yes

续表

变　量	（1） Baker St	（2） Dεvis St	（3） 高 EPU St	（4） 低 EPU St
Year	Yes	Yes	Yes	Yes
adj. R-sq	0.412	0.412	0.409	0.424
Chi-Square			4.23	
P-Value			0.0396	

注：*、**和***分别表示在 10%、5%和 1%的水平上显著；括号内为稳健标准误的 t 值。

6.5　异质性分析

6.5.1 市场化程度的影响

　　地区市场化程度反映了其经济增长状况和繁荣程度，也体现了产品及要素市场发育度（王小鲁 等，2019）。在市场化程度更高的地区虽然经济体量更大、发展配套设施更完备，但竞争趋于饱和状态，资本及劳动投入的边际产出越来越靠近边际成本。因此，市场化程度越高的地区，管理者感知到进行风险承担所获得的预期超额报酬越来越低。管理者在权衡承担战略风险以获取企业超额收益与避免风险以保全声誉及人力资本价值时，显然更倾向于选择后者。

　　为了检验该异质性，我们根据《中国分省份市场化指数报告（2018）》中的市场化指数分年份按其中位数将样本划分为高市场化组和低市场化组，分别进行回归，结果见表 6-10 的列（1）和列（2）。由表 6-10 可知，两组回归系数均在 1‰ 显著性下为负,但高市场化组管理者能力系数绝对值大于对照组,且二者系数在 1‰ 水平下存在显著差异,说明管理者会因为所处市场成熟度不同而产生异质性的风险偏好态度。

表 6-10 异质性分析回归结果

变 量	(1) 高市场化 St	(2) 低市场化 St	(3) 高违约风险 St	(4) 低违约风险 St	(5) 弱融资约束 St	(6) 强融资约束 St
MA	−0.081***	−0.040***	−0.051***	−0.083***	−0.066***	−0.085***
	(−22.35)	(−6.62)	(−8.44)	(−17.23)	(−17.96)	(−15.67)
常数项	0.075***	0.071***	0.057***	0.058***	0.090***	0.057***
	(10.73)	(6.46)	(4.72)	(5.21)	(8.74)	(3.61)
Observations	13241	2245	2452	8697	8215	7340
Controls	Yes	Yes	Yes	Yes	Yes	Yes
Industry	Yes	Yes	Yes	Yes	Yes	Yes
Year	Yes	Yes	Yes	Yes	Yes	Yes
adj. R-sq	0.403	0.413	0.414	0.373	0.406	0.370
Chi-Square	32.64		17.50		8.76	
P-Value	0.0000		0.0000		0.0031	

注:*、** 和 *** 分别表示在 10‰、5‰ 和 1‰ 的水平上显著;括号内为稳健标准误的 t 值。

6.5.2 违约风险的影响

当企业经营面临财务困境时,股东与债权人之间的委托代理问题进一步恶化。此时,股东会选择以债权人的利益为赌注让企业执行更加冒险但净现值可能表现不佳的投资项目来博取翻盘可能性,并且管理者通常与股东(尤其是实控人)存在更加密切的关系,二者合谋之下使得企业在财务困境时选择高风险项目换取一线生机的可能性大大提高。为了验证违约风险的影响,本章使用 Altman Z 值作为企业陷入财务困境而导致违约风险的代理变量,分年度按 Z 值模型的违约风险发生可能性对样本进行划分,若处于破产区为高违约风险,若处于安全区则为低违约风险,若处于灰色区则在本次检验中将其剔除,并分别对两组进行回归。结果见表 6-10 的列(3)和(4),证明高违约风险组的管理者相较于低违约风险组更偏好战略风险承担,表明管理者在企业经营位于不利局面时会选择背水一战,提升战略风险承担水平。

6.5.3 融资约束的影响

上市公司进行战略风险承担的重要前提是存在来源稳定、供应及时、数额匹配及方式合法的融资渠道,但大多数上市公司仍存在或轻或重的融资约束,使其可能在填补负债偿还缺口期或创新活动研发关键阶段的资金紧缺期无法得到目标数额的融资渡过难关,从而对上市公司承担战略风险的信心(余明桂 等,2019)及管理者的风险偏好程度造成不利影响。本章借鉴 Hadlock 和 Pierce(2010)的研究,采用 SA 指数衡量上市公司的融资约束程度,分年度按中位数将样本划分为弱融资约束组和强融资约束组,并分别进行回归,结果见表 6-10 的列(5)和列(6)。可以看到,强融资约束组中管理者能力对风险承担的抑制作用显著大于融资约束较弱的样本,回归系数的显著差异证明了融资可得性越低使能力越杰出的管理者更偏好战略风险较低的决策。

7   结论与建议

7.1   管理者能力对企业创新影响的
主要结论与实践建议

7.1.1 主要结论

在我国经济发展进入新常态下,经济发展方式的转变更依靠科技进步与技术创新,而企业是这种发展方式转变的关键。管理者作为企业经营决策的制定者和执行者,其能力的高低影响着企业创新活动的开展。在对现有的相关文献进行梳理后,发现现有文献虽在管理者与创新之间的研究取得了较大成果,但是较少关注管理者本身能力的差异对企业创新的影响。因此,基于上述的背景与现有研究的不足,本书以 2009—2016 年我国沪深 A 股上市公司为研究对象,采用超效率 DEA 模型衡量创新效率,采用 DEA-Tobit 模型衡量管理者能力,并通过 Tobit 模型实证检验管理者能力对企业创新投入与创新效率的影响。不仅如此,本书还按照产权性质、行业差异以及内外部治理结构水平的不同进行分组,深入探讨在不同情况下管理者能力对企业创新投入和创新效率的影响,得出以下结论。

（1）各上市公司之间的创新效率存在较大差异，管理者能力也存在较大差异。

根据描述性统计结果，创新效率的最小值与最大值相差 34.293，但中位数却为 0.231，这说明上市企业中个别企业创新效率非常高，而大部分上市企业的创新效率较低。管理者能力的均值为 −0.013，相比较 Demerjian 等（2012）统计的美国上市公司管理者能力平均数 −0.004 略低；而且，管理者能力的最小值与最大值之间的差异高于 1，表明上市公司之间管理者能力存在较大差异。

（2）管理者能力越高，越注重创新风险的规避，同时能够有效地提高企业创新效率。

首先，根据实证结果可知，管理者能力负向影响企业创新投入，正向影响企业创新效率，且影响系数都十分显著。这说明，一方面，管理者能力越高，越注重规避企业创新活动中存在的风险，谨慎地进行创新项目的开发，尤其是不希望创新项目的失败使自身的能力和价值受到质疑；另一方面，管理者能力越高，越注重有效的研发投入，在创新项目的开展中通过创新资源的合理配置，提高企业的创新效率。

其次，不同的产权性质也会影响管理者能力对企业创新的作用。本书的研究发现，就创新投入而言 相较于全样本，在国企中管理者能力对企业创新投入的负向影响显著降低。就创新效率而言，管理者能力对创新效率的影响并不显著，而非国有企业对创新效率的影响相较于全样本而言显著提高。

再次是行业差异也会影响管理者能力对企业创新的影响。就创新投入而言，相比较于非高新技术企业，高新技术企业的管理者能力反而对创新投入的负向影响增加，这说明高新技术企业管理者对创新风险的规避更加注重。就创新效率而言，相比于非高新技术企业，高新技术企业的管理者能力更能够有效地促进企业的创新效率。

（3）治理结构水平的差异。就外部治理结构而言,市场竞争程度较低组和基金持股比例较高组中,管理者能力对企业创新投入的负向影响更加明显,同时在该两组中,管理者能力对企业创新效率的正向影响也更为明显。就内部治理结构水平而言,内部治理结构水平越高,管理者能力对创新投入的负向影响越显著,对企业创新效率的正向影响也越显著。

（4）管理者能力对企业创新的机制。本书的研究发现:管理者能力越强,越愿意向资本市场传递公司的有效信息,提高公司的信息透明度;而信息透明度的提高,可以帮助管理者选择有价值的研发项目,减少研发资金的随意投入,并且能够在实施过程中加以约束,进而提高企业的创新效率。

7.1.2 实践建议

基于上述研究结论,本书针对公司治理提出以下几点建议。

（1）企业想要合理地开展创新项目,并提高创新效率,一个高能的管理团队是非常必要的。根据研究结论,管理者能力越强,越能够有效地提高企业创新效率,因此企业在聘用和晋升管理者时应充分考量其经营管理能力,比如在选拔时考虑管理者创新方面的工作经历及所取得的业绩、教育水平及专业素养、任职期限、管理经验和水平,并且鼓励管理者在努力工作的同时积极提升自身的能力素质。

（2）引入或完善经理人在企业创新方面的竞争机制。在国有企业中,管理者由有关部门进行任命,弱化了管理者能力的信号传递作用,因此引入经理人在创新方面的竞争机制,将其作为管理者的考核指标之一,更有利于管理者能力的发挥。而在非国有企业中,应该完善经理人在创新方面的竞争机制,通过管理者之间的竞争,减少管理者自利行为,提升管理者的整体能力,进而使得管理者在开展创新项目时更注重有效研发,并不断提升企业创新效率。

(3)提高公司治理水平,完善公司内外部治理结构,加强对管理者的内外部监督。根据研究结论,在不同的市场竞争程度、基金持股比例以及内部治理结构下,管理者能力的发挥对企业创新的影响会有所不同。由于管理者本身是一个复杂的主体,因此相应的内外部监督必不可少。从外部治理结构而言,基金持股比例越高、市场竞争程度越高,对管理者的约束也越强,越有利于能力高的管理者提高企业的创新效率。从内部治理结构而言,可以通过提高独董比例、提高管理层薪酬等方式改善公司内部治理水平,有效发挥企业内部的监督治理机制,约束管理层的自利行为,提高企业的资源配置效率,从而提高企业创新效率。

7.2　管理者能力对过度投资影响的主要结论与实践建议

7.2.1 主要结论

在经济环境日益复杂的大背景下,管理者作为企业最重要的决策制定者和执行者,其能力的高低决定企业是否能够在激烈的市场竞争中得以生存和发展。高能力的管理者能够更好地理解行业趋势,更准确地预测产品的需求,并投资于更多创造价值的项目,从而抑制企业过度投资的行为。本书以中国沪深两市 2008—2016 年 A 股上市公司为样本,实证检验了我国上市公司管理者能力对过度投资的影响。实证结果支持了本书提出的管理者能力抑制过度投资的假说,并且得出以下五个结论。

(1)董事会规模能够调节高能力管理者抑制过度投资的作用。具体来说,董事会规模越大,越能够为投资决策提出多角度的建议,对管理者发挥正面的监督效果,使得高能力的管理者更能够抑制企业的过度投资行为。

(2)管理者是否具有期权或股权激励能够调节高能力管理者抑制过度投资的作用。具体来说,当管理者具有期权或股权激励时,能提高管理者最大化企业价值的积极性,促使其更加谨慎地选择净现值为正的投资项目,从而使得高能力的管理者对过度投资的抑制作用大大增强。

(3)机构投资者持股比例能够调节高能力管理者抑制过度投资的作用。具体来说,机构投资者持股比例越高,越能够促使机构投资者有效地参与到公司治理中来,从而对管理层进行有效监督;同时,机构投资者可以给公司的投资决策提出专业的建议,防止管理层为谋取私利而出现过度投资的行为,使得高能力的管理者对过度投资的抑制作用大大增强。

(4)公司信息透明度能够调节高能力管理者抑制过度投资的作用。具体来说,公司信息透明度越高,越可以有效降低企业内外部之间的信息不对称程度,有效降低委托—代理成本,提高公司的治理效率,从而有利于投资者和企业所有者对管理者的自利行为进行更加有效的监督,使得高能力的管理者对过度投资的抑制作用大大增强。

(5)通过中介机制的检验,本书发现投资机会是管理者能力抑制过度投资行为的中介机制,高能力的管理者能够利用自身的优势提高企业获取资源的能力、强化信任的产生、增强信息的交流,从而促进企业获取到更多的投资机会,大大抑制企业过度投资的行为。

7.2.2 实践建议

本书的研究揭示了管理者能力抑制企业过度投资行为的影响机理,为企业更高效地创造价值提供了理论支持,在一定程度上丰富了已有的研究成果,在实践上,能够为企业减少过度投资提高经济效益提供借鉴。根据上述的结论,本书提出如下建议。

(1)企业应该对管理者在投资决策中的贡献予以高度重视,通过公平、公正的经理人聘用机制积极引进人才,并在建立有效的监督机制的基础上规范管理者的行为,赋予管理者足够的资源调配权力,促使其发掘更多的投资机会,同时,为高能力管理者积极进行合理的投资创造条件,促进企业的长远发展。对企业而言,组建一个高效的高层管理团队对提高公司的运营效率、优化资源配置具有重要的战略性意义。

(2)企业应完善董事会成员的准入条件,规范董事会成员的选拔机制,提高董事会的独立性。另外,董事会成员规模的扩大也应与公司的规模相适应,董事会成员越充足,其整体的专业知识会越加丰富,形成公司决策所需要的社会资源也会越加庞大,从而越有利于保障决策的精准度,充分发挥董事会的监督作用,抑制企业的过度投资,提高资本的配置效率。

(3)企业应建立有效的激励机制,完善股权激励制度,提升公司治理水平,进一步实现管理层与股东利益的有机统一,降低代理成本,实现企业的长远发展。同时,企业应努力提高信息披露的质量,强化信息披露的意识,严格按照《公司法》等相关法律法规的要求,及时、准确、完整地公开披露重大信息,有效提高信息透明度,才能使各利益相关者对管理层进行更有效的监督。

(4)机构投资者能否发挥有效的监督作用,依赖于外部市场的环境,因此,建立一个完善的体制并规范相应的法律法规始终是需要不断努力的方向。机构投资者为了维护自身利益,有能力和动力监督上市企业的经营,促进企业的长远发展。考虑到证券投资基金在治理方面的优越性,应当鼓励该类机构投资者充分发展。同时,要保护中小投资者的利益,尽可能使大股东、机构投资者与中小股东的利益趋于一致,只有这样,才能使机构投资者真正起到公司治理的正面作用,提高资源的配置效率。

7.3 管理者能力对股价同步性影响的主要结论与实践建议

7.3.1 主要结论

金融危机之后,全球股市暴跌、资本市场动荡,中国资本市场的有效性进一步降低,股价同涨同跌的现象愈发突出,这使得学者对股价同步性的关注度进一步提升。之前的文献集中从外部制度环境、公司外部监督和内部治理等角度出发研究这些因素对股价同步性的影响,但是较少从管理者特质性角度研究其与股价同步性的关系。而实际中,作为公司管理层的重要特质之一,管理者能力不仅会影响公司的经营决策,而且会影响公司在资本市场上的表现。因此,有必要从管理者特质性角度来研究管理者能力对股价同步性的影响,并进一步研究两者间的调节机制和中介机制。通过实证研究,本书得出以下五个结论。

(1)管理者能力越高,股价同步性越低。能力强的管理者倾向于向资本市场传递业绩信息,以彰显管理者优秀的管理水平。而信息披露质量的上升使得外部投资者可资参考的公司特质信息增加,降低了外部投资者整体的信息搜索和处理成本,使得外部投资者可以根据公司特质信息进行交易,从而降低股价同步性。

(2)在有股权期权激励的公司中,管理者能力与股价同步性之间负向关系更为显著。期权股权激励往往是一种中长期的激励,能在一定程度上缓解管理者与股东的代理矛盾,引导管理者主动将企业的信息传递给投资者,增加股价中特质信息的含量,从而有助于降低股价同步性。

(3)在机构投资者持股比例高的组别中,管理者能力与股价同步性之间负向关系更为显著。一般而言,机构投资者具有更专业的信息搜集和分析能力,如果机构投资者根据分析的信息进行投资,那么机构投资者的持股变化可以向市场传递相应的投资信息,从而提高公司的特质信息含量;另外,为了获取更大的投资收益,机构投资者有动机发挥其外部监督的职责,在一定程度上可以抑制管理者隐藏坏消息进行盈余管理的行为,增强公司盈余质量,有助于降低股价同步性。

(4)在民营企业中,管理者能力与股价同步性之间负向关系更为显著。我国的很多上市公司都是通过国有企业改制而来的,虽然从组织结构上看,这些企业已经完成了股份制改革,整体的经营方式、管理理念也脱离僵化,但是从很多方面来讲,又不免有行政特色。一方面,政府作为企业的实际控制人,在企业经营管理过程中起主导作用,这种产权制度的固有缺陷,难以为管理者较好地发挥其能力作用提供相应的激励。另一方面,国有企业还需承担更多的社会责任,以股东利益最大化的目标是次要的,这导致相较于民营企业,在国有企业中,管理者能力可能并不能较好地发挥出来以降低股价同步性。

（5）管理者能力通过影响公司投资机会、成长性来影响股价同步性。管理者能力高的公司,管理者挖掘和把握投资机会的能力都很强,公司会将资金投入到多数净现值为正的优质项目中,这使得企业成长性和经营效益都得到提升,而这类企业倾向于通过调整财务政策向投资者传递交易信息,增加股价中特质信息的含量,从而降低股价同步性。

7.3.2 实践建议

本书的研究揭示了管理者能力降低股价同步性的影响机理,在一定程度上丰富已有的研究成果,在实践上,能够为公司降低股价同步性、提高股价信息含量提供借鉴。根据上述结论,本书提出如下建议。

（1）加快建立和完善职业经理人市场。特别是在行政化色彩浓厚的国有企业中,在管理者能力并不能较好发挥出来的地方,应该健全管理者能力培训、考核制度,以最大程度发挥管理者能力这种管理层"软实力",进一步缓解代理矛盾,提高企业信息披露质量,最终降低股价同步性,提高信息效率。

（2）大力完善股权期权激励等公司内部治理机制,发挥股权期权激励作为公司内部激励的作用、加强资本市场机构投资者外部监督职责的履行,同时,发挥机构投资者的专业能力,以促使公司管理者在内部激励和外部监督的条件下,减少隐藏坏消息进行盈余管理的行为,提高公司盈余质量水平,进而降低股价同步性。

（3）在保证管理者能力发挥的条件下，适当加强企业对优质投资机会的把握，提高企业的成长性。基于信号传递理论，投资机会多且公司成长性好的企业可能会通过改变财务政策向投资者传递投资信息，这样会增加股价中特质信息的含量·使投资者尽可能多地依赖公司特质信息交易，提高信息效率，降低股价同步性。

7.4 管理者能力对企业战略风险承担影响的主要结论与实践建议

7.4.1 主要结论

自 2008 年金融危机爆发之后，市场开始越发注重企业的风险承担能力，这引发了各界对企业风险承担水平的进一步探究。以往的文献集中从组织伦理氛围、IT 部门决策权、企业绩效反馈机制等企业层面，以及名人称号、出生顺序、谨慎程度等管理者层面考察企业战略风险承担水平的影响因素。根据高阶梯队理论，管理者能力也是管理层特质的一种具体表现，也可能直接对企业战略风险承担水平产生重大影响。因此，本书以沪深两市 A 股非金融类上市公司为研究对象，采用 DEA-Tobit 模型度量管理者能力，考察管理者能力对企业战略风险承担的影响，并对其作用机制进行了分析。通过实证研究，本书得出以下四个结论。

（1）管理者能力会抑制企业战略风险承担水平。从管理者长期职业发展视角来看，能力高的管理者会更关注自身职业前景，期望凭借更好的声誉在经理人市场中获得竞争优势，以获得更高薪酬或职业晋升。

具体表现为能力高的管理者在战略决策过程中会更审慎地选择风险投资项目,尤其是当难以通过多元化投资来分散风险时。此时,高能力管理者会尽可能减少选择不确定性极高的项目,极力避免采取那些可能导致自身能力受到质疑的高风险行为,从而大大抑制了企业战略风险承担水平。

(2)能力较高的管理者出于自利动机倾向于降低战略激进度,从而减少企业战略风险承担水平。在机会主义主导下,高能力的管理者倾向于选择更为保守的投资决策,即防御性战略。而采取防御型战略的企业风险偏好低,在面对进行研发创新、扩大资本支出和提高负债水平等战略决策时持保守态度,因而面临的市场不确定性会更低,具有的战略风险承担水平更低。由此可见,能力较高的管理者可能出于自利动机而选择更为保守的防御型战略,进而导致企业承担更低的战略风险。

(3)公司的内外部治理机制均会削弱管理者能力对企业战略风险承担水平的抑制作用。在企业内部,当能力较高的管理者出于自利动机而选择承担更低的战略风险水平时,代表股东利益的董事会可能会采取相应决策来限制管理者不合理的战略风险承担决策,从而抑制管理者过度偏离股东合意的战略风险水平。在企业外部,机构投资者作为企业经营成果的直接利益相关方,有动力在能力较高的管理者为保全自身利益而选择偏离机构投资者合意的战略风险的时候,通过治理机制约束管理者的不当行为,从而减缓管理者能力对企业战略风险承担水平的抑制作用。

(4)经济政策不确定性会削弱管理者能力对企业战略风险承担水平的抑制作用。在经济政策不确定性高的时期,管理者可以将选择相对激进的战略风险决策而蒙受的损失归咎于外在的不确定性而非自身经营管理能力的不足。此时,高能力的管理者可能会更具冒险精神,期望在不确定性中寻找具有超额收益的投资机会提前布局,积极把握不确定性带来的企业和个人的发展机遇,从而减缓了管理者能力对企业战略风险承担水平的抑制作用。

7.4.2 实践建议

本书的研究揭示了管理者能力抑制企业战略风险承担水平的影响机理,在一定程度上丰富了已有的研究成果,在实践上,能够为公司治理制度改革及投资者投资决策提供良好的启示。根据上述结论,本书提出如下建议。

(1)从政策的制定角度来看,政府在执行宏观调控职能时要给予开拓蓝海领域或攻坚高新技术的企业一定的政策倾斜。在市场化程度高、竞争趋于饱和的地区,管理者对项目投资的边际成本和边际收益更敏感,如果对一些为提质增效做出重要贡献的企业,政府能出台更加优惠的税收政策或其他保护政策,那么这些企业的管理者在投资决策时就不会过分保守。

(2)从企业经营角度来看,企业应更加注重建立健全企业内外部治理机制,加强企业内外部双重监督。既要重新审视及规范企业内部监事会以及监管部门的职能履行情况,又可以通过适当引入机构投资者持股等方式来合理利用外部监管单位对企业进行有效的监督管理,以此减轻委托代理问题,抑制管理者自利行为。

(3)从管理者角度来看,有能力的管理者应进一步提升自身职业素养,不应过度自利,而应恪守职业道德,忠诚履行尽职义务,积极进行合理的风险投资,提高企业战略风险承担水平,从而促进企业的长远发展以及社会经济整体的健康平稳运行。

（4）从投资者角度来看，企业过分保守的战略风险承担决策不利于资产价值的中长期增长，因此对于能力较强的管理者因自利动机选择"遇险而退"的行为，投资者可以用脚投票，在资本市场上对自利型管理者进行惩罚并保护自身利益。

参考文献

白重恩，刘俏，陆洲，等，2005.中国上市公司治理结构的实证研究[J].经济研究(2)：81-91.

陈德球，步丹璐，2015.管理层能力、权力特征与薪酬差距[J].山西财经大学学报，37(3)：91-101.

陈冬华，陈信元，万华林，2005.国有企业中的薪酬管制与在职消费[J].经济研究(2)：92-101.

陈华东，2016.管理者任期、股权激励与企业创新研究[J].中国软科学(8)：112-126.

陈夙，吴俊杰，2014.管理者过度自信、董事会结构与企业投融资风险——基于上市公司的经验证据[J].中国软科学(6)：109-116.

段文奇，宣晓，2018.管理者能力是传递平台型互联网企业价值的信号吗——基于财务和非财务指标价值相关性的检验结果[J].南开管理评论，21(3)：54-65.

冯旭南，李心愉，2011.中国证券分析师能反映公司特质信息吗？——基于股价波动同步性和分析师跟进的证据[J].经济科学，33(4):99-106.

高敬忠，周晓苏，王英允，2011.机构投资者持股对信息披露的治理作用研究——以管理层盈余预告为例[J].南开管理评论，14(5):129-140.

郭蓉，文巧甜，2019.双重业绩反馈、内外部治理机制与战略风险承担[J].经济管理，41(8)：91-112.

何威风，刘巍，2015.企业管理者能力与审计收费[J].会计研究(1)：82-89.

何威风，刘巍，2018.商业信用中的管理者效应：基于管理者能力的视角

[J].会计研究(2)：48-54.

何威风，刘巍，黄凯莉，2016.管理者能力与企业风险承担[J].中国软科学
(5)：107-118.

何玮，2003.我国大中型工业企业研究与开发费用支出对产出的影响——
1990—2000年大中型工业企业数据的实证分析[J].经济科学(37)：5-11.

何晓斌，蒋君洁，杨治，等，2013.新创企业家应做"外交家"吗？——新创企业
家的社交活动对企业绩效的影响[J].管理世界(6):128-137.

侯宇，叶冬艳，2008.机构投资者、知情人交易和市场效率——来自中国资本
市场的实证证据[J].金融研究(4):131-145.

胡军，王甄，2015.微博、特质性信息披露与股价同步性[J].金融研究(11)：
190-206.

花贵如，刘志远，许骞，2011.投资者情绪、管理者乐观主义与企业投资行为
[J].金融研究(9):178-191.

黄俊，郭照蕊，2014.新闻媒体报道与资本市场定价效率——基于股价同步
性的分析[J].管理世界(5):121-130.

简建辉，余忠福，何平林，2011.经理人激励与公司过度投资——来自中国A
股的经验证据[J].经济管理，33(4):87-95.

江轩宇，许年行，2015.企业过度投资与股价崩盘风险[J].金融研究(8):141-
158.

姜超，2013.证券分析师、内幕消息与资本市场效率——基于中国A股股价中
公司特质信息含量的经验证据[J].经济学季刊，12(2):429-452.

姜付秀，2009.管理者背景特征与企业过度投资行为[J].管理世界(1):138-
147.

解维敏，唐清泉，陆姗姗，2009.政府R&D资助、企业R&D支出与自主创
新——来自中国上市公司的经验证据[J].金融研究(6):86-99.

解维敏，魏化倩，2016.市场竞争、组织冗余与企业研发投入[J].中国软科学
(8)：102-111.

李常青，李宇坤，李茂良，2018.控股股东股权质押与企业创新投入[J].金融
研究，457(7)：147-161.

李万福,赵青扬,张怀,等,2020.内部控制与异质机构持股的治理效应[J].金融研究(2):188-206.

李维安,王鹏程,徐业坤,2015.慈善捐赠、政治关联与债务融资——民营企业与政府的资源交换行为[J].南开管理评论,18(1):4-14.

李延喜,吴笛,肖峰雷,等,2010.声誉理论研究述评[J].管理评论,22(10):3-11.

李延喜,曾伟强,马壮,等,2015.外部治理环境、产权性质与上市公司投资效率[J].南开管理评论,18(1):25-36.

李云鹤,李湛,2012.管理者代理行为、公司过度投资与公司治理——基于企业生命周期视角的实证研究[J].管理评论,24(7):119-133.

李增泉,叶青,贺卉,2011.企业关联、信息透明度与股价特征[J].会计研究(1):44-51,95.

李增泉,2005.所有权安排与股票价格的同步性——来自中国股票市场的证据[J].中国会计与财务研究(7):302-314.

林毅夫,李志赟,2004.政策性负担、道德风险与预算软约束[J].经济研究(2):17-27.

刘昌国,2015.公司治理机制、自由现金流量与上市公司过度投资行为研究[J].经济科学,28(4):50-58.

刘浩,唐松,楼俊,2012.独立董事:监督还是咨询?——银行背景独立董事对企业信贷融资影响研究[J].管理世界(1):141-156.

刘志远,王存峰,彭涛,等,2017.政策不确定性与企业风险承担:机遇预期效应还是损失规避效应[J].南开管理评论,20(6):15-27.

卢锐,2014.企业创新投资与高管薪酬业绩敏感性[J].会计研究(10):36-42.

鲁桐,党印,2012.投资者保护、创新投入与企业价值[J].金融评论,4(5):15-33.

鲁桐,党印,2014.公司治理与技术创新:分行业比较[J].经济研究,49(6):115-118.

陆正飞,张会丽,2010.所有权安排、寻租空间与现金分布——来自中国A股市场的经验证据[J].管理世界(5):150-158.

吕长江，张海平，2011. 股权激励计划对公司投资行为的影响[J]. 管理世界（11）：118-126.

吕文栋，林琳，赵杨，2020. 名人 CEO 与企业战略风险承担[J]. 中国软科学（1）：112-127.

潘前进，李晓楠，2016. 管理者能力、机构投资者与企业投资过度[J]. 现代管理科学（3）：106-108.

潘前进，王君彩，2015. 管理层能力与资本投资效率研究——基于投资现金流敏感性的视角[J]. 中央财经大学学报（2）：90-97.

潘越，戴亦一，林超群，2011. 信息不透明、分析师关注与个股暴跌风险[J]. 金融研究（9）：138-151.

潘越，潘健平，戴亦一，2016. 专利侵权诉讼与企业创新[J]. 金融研究（8）：191-206.

彭红星，毛新述，2017. 政府创新补贴、公司高管背景与研发投入——来自我国高科技行业的经验证据[J]. 财贸经济，38（3）：147-161.

钱丽，肖仁桥，陈忠卫，2015. 我国工业企业绿色技术创新效率及其区域差异研究——基于共同前沿理论和 DEA 模型[J]. 经济理论与经济管理，35（1）：26-43.

任胜钢，孟宇，王龙伟，2011. 企业网络能力的结构测度与实证研究[J]. 管理学报，8（4）：531.

沈烈，郭阳生，2017. 管理者能力与内部控制质量：抑制还是促进？[J]. 中南财经政法大学学报（4）：58-67.

石军伟，胡立君，付海艳，2007. 企业社会资本的功效结构：基于中国上市公司的实证研究[J]. 中国工业经济（2）：84-93.

宋建波，文雯，2016. 董事的海外背景能促进企业创新吗？[J]. 中国软科学（11）：109-120.

苏坤，2015. 管理层股权激励、风险承担与资本配置效率[J]. 管理科学，28（3）：14-25.

孙凤娥，2019."短贷长投"是企业的被迫行为吗？——基于管理者过度自信的视角[J]. 财经论丛（6）：73-82.

唐未兵，傅元海，王展祥，2014．技术创新、技术引进与经济增长方式转变
　　[J]．经济研究，49(7)：31-43．

田昆儒，游竹君，田雪丰，2021．非控股股东网络权力与企业风险承担[J]．财
　　经论丛(9)：60-70．

田祥宇，杜洋洋，李颖，2018．高管过度自信、财务柔性与企业价值[J]．财经
　　论丛(9)：76-84．

王琨，肖星，2005．机构投资者持股与关联方占用的实证研究[J]．南开管理
　　评论，8(2)：27-33．

王鲁平，毛伟平，2010．财务杠杆、投资机会与公司投资行为——基于制造业
　　上市公司 Panel Data 的证据[J]．管理评论，22(11):99-110．

王生年，尤明渊，2015．管理层薪酬激励能提高信息披露质量吗？[J]．审计
　　与经济研究，30(4):22-29．

王姝勋，方红艳，荣昭，2017．期权激励会促进公司创新吗？——基于中国上
　　市公司专利产出的证据[J]．金融研究(3):176-191．

王晓珂，黄世忠，2017．衍生工具、公司治理和盈余质量[J]．会计研究(3)：
　　16-21,94．

王小鲁，樊纲，胡李鹏，2019．中国分省份市场化指数报告(2018)[M]．北京：
　　社会科学文献出版社．

王霞，张敏，于富生，2008．管理者过度自信与企业投资行为异化——来自我
　　国证券市场的经验证据[J]．南开管理评论(2)：77-83．

王亚平，刘慧龙，吴联生，2009．信息透明度、机构投资者与股价同步性
　　[J]．金融研究(12)：162-174．

王彦超，2009．融资约束、现金持有与过度投资[J]．金融研究(7):121-133．

魏明海，柳建华，2007．国企分红、治理因素与过度投资[J]．管理世界(4):88-
　　95．

温军，冯根福，2012．异质机构、企业性质与自主创新[J]．经济研究，47(3)：
　　53-64．

温忠麟，张雷，侯杰泰，等，2004．中介效应检验程序及其应用[J]．心理学
　　报，36(5)：614-620．

巫景飞，何大军，林晔，等，2008.高层管理者政治网络与企业多元化战略：社会资本视角——基于我国上市公司面板数据的实证分析[J].管理世界(8)：107-118.

肖峰雷，李延喜，栾庆伟，2011.管理者过度自信与公司财务决策实证研究[J].科研管理，32(8):151-160.

肖虹，曲晓辉，2012.R&D投资迎合行为：理性迎合渠道与股权融资渠道？——基于中国上市公司的经验证据[J].会计研究(2):42-49.

肖明，李海涛，2017.管理层能力对企业并购的影响研究[J].管理世界(6)：184-185.

肖星，王琨，2005.证券投资基金:投资者还是投机者？[J].世界经济(8):73-79.

谢家智，刘思亚，李后建，2014.政治关联、融资约束与企业研发投入[J].财经研究，40(8)：81-93.

辛清泉，林斌，王彦超，2007.政府控制、经理薪酬与资本投资[J].经济研究(8)：110-122.

辛清泉，郑国坚，杨德明，2007.企业集团、政府控制与投资效率[J].金融研究(10)：123-142.

邢斌，徐龙炳，2015.超募、投资机会与公司价值[J].财经研究，41(9):65-78.

许红伟，陈欣，2012.我国推出融资融券交易促进了标的股票的定价效率吗？——基于双重差分模型的实证研究[J].管理世界(5):52-61.

许年行，洪涛，吴世农，2011.信息传递模式、投资者心理偏差与股价"同涨同跌"现象[J].经济研究，46(4):135-146.

许年行，于上尧，伊志宏，2013.机构投资者羊群行为与股价崩盘风险[J].管理世界(7)：31-43.

许言，邓玉婷，陈钦源，2017.高管任期与公司坏消息的隐藏[J].金融研究(12)：174-190.

杨海燕，韦德洪，孙健，2012.机构投资者持股能提高上市公司会计信息质量吗？——兼论不同类型机构投资者的差异[J].会计研究(9):16-23.

杨华军，胡奕明，2007.制度环境与自由现金流的过度投资[J].管理世界（9）：99-106.

杨兴全，吴昊旻，2011.成长性、代理冲突与公司财务政策[J].会计研究（8）：40-45.

杨兴全，吴昊旻，曾义，2015.公司治理与现金持有竞争效应——基于资本投资中介效应的实证研究[J].中国工业经济（1）：121-133.

姚立杰，周颖，2018.管理层能力、创新水平与创新效率[J].会计研究（6）：70-77.

姚立杰，陈雪颖，周颖，等，2020.管理层能力与投资效率[J].会计研究（4）：100-118.

姚颐，刘志远，2009.机构投资者具有监督作用吗？[J].金融研究（6）：128-143.

伊志宏，杨圣之，陈钦源，2019.分析师能降低股价同步性吗——基于研究报告文本分析的实证研究[J].中国工业经济（1）：156-173.

易靖韬，张修平，王化成，2015.企业异质性、高管过度自信与企业创新绩效[J].南开管理评论，18（6）：101-112.

游家兴，张俊生，江伟，2007.制度建设、公司特质信息与股价波动的同步性——基于 R^2 研究的视角[J].经济学季刊（1）：189-206.

余明桂，钟慧洁，范蕊，2019.民营化、融资约束与企业创新——来自中国工业企业的证据[J].金融研究（4）：75-91.

余泳泽，刘大勇，2013.我国区域创新效率的空间外溢效应与价值链外溢效应——创新价值链视角下的多维空间面板模型研究[J].管理世界（7）：6-20，70，187.

俞红海，徐龙炳，陈百助，2010.终极控股股东控制权与自由现金流过度投资[J].经济研究，45（8）：103-114.

虞义华，赵奇锋，鞠晓生，2018.发明家高管与企业创新[J].中国工业经济（3）：136-154.

袁建国，后青松，程晨，2015.企业政治资源的诅咒效应——基于政治关联与企业技术创新的考察[J].管理世界（1）：139-155.

袁知柱，鞠晓峰，2009.制度环境、公司治理与股价信息含量[J].管理科学，22（1）：17-29.

詹雷，王瑶瑶，2013. 管理层激励、过度投资与企业价值[J]. 南开管理评论，16(3)：36-46.

张斌，王跃堂，2014. 业务复杂度、独立董事行业专长与股价同步性[J]. 会计研究(7)：36-42.

张敦力，江新峰，2015. 管理者能力与企业投资羊群行为：基于薪酬公平的调节作用[J]. 会计研究(8)：41-48.

张敦力，张弛，江新峰，2015. 管理者能力与企业业绩预告[J]. 财务研究(5)：56-65.

张会丽，陆正飞，2012. 现金分布、公司治理与过度投资——基于我国上市公司及其子公司的现金持有状况的考察[J]. 管理世界(3)：141-150.

张金涛，雷星晖，苏涛永，2021. 非正式层级作用下谦卑型董事会、战略激进度与风险承担的关系研究[J]. 管理学报，18(9)：1287-1295.

张军，许庆瑞，2018. 管理者认知特征与企业创新能力关系研究[J]. 科研管理，39(4)：1-9.

张铁铸，沙曼，2014. 管理层能力、权力与在职消费研究[J]. 南开管理评论，17(5)：63-72.

张学勇，廖理，2010. 股权分置改革、自愿性信息披露与公司治理[J]. 经济研究，45(4)：28-39.

张扬，2016. 产权性质、信贷歧视与企业融资的替代性约束[J]. 中南财经政法大学学报(5)：66-72.

赵瑞，2013. 企业社会资本、投资机会与投资效率[J]. 宏观经济研究(1)：65-72.

赵子夜，杨庆，陈坚波，2018. 通才还是专才：CEO 的能力结构和公司创新[J]. 管理世界(2)：123-143.

郑志刚，李东旭，许荣，等，2012. 国企高管的政治晋升与形象工程——基于 N 省 A 公司的案例研究[J]. 管理世界(10)：146-156.

钟海燕，冉茂盛，文守逊，2010. 政府干预、内部人控制与公司投资[J]. 管理世界(7)：98-108.

钟覃琳，陆正飞，2018. 资本市场开放能提高股价信息含量吗？——基于"沪港通"效应的实证检验[J]. 管理世界(1)：169-179.

周铭山，张倩倩，2016."面子工程"还是"真才实干"? ——基于政治晋升激励下的国有企业创新研究[J].管理世界(12):116-132.

周中胜，徐红日，陈汉文，等，2016.内部控制质量对公司投资支出与投资机会的敏感性的影响：基于我国上市公司的实证研究[J].管理评论，28(9):206-217.

朱红军，何贤杰，陶林，2007.中国的证券分析师能够提高资本市场的效率吗——基于股价同步性和股价信息含量的经验证据[J].金融研究(2):110-121.

Aboody D，Lev B，2000. Information asymmetry，R&D and insider gains [J]. Journal of finance,55(6):2747-2766.

Adam T，Goyal V K，2008. The investment opportunity set and its proxy variables[J]. Journal of financial research，31(1):41-63.

Adelino M，Ma S，Robinson D，2017. Firm age，investment opportunities，and job creation[J]. The journal of finance，72(3): 999-1038.

An H，Zhang T，2013. Stock price synchronicity，crash risk，and institutional investors[J]. Journal of corporate finance，21(1):1-15.

Andreou P C，Philip D，Robejsek P，2016. Bank liquidity creation and risk-taking：does managerial ability matter? [J]. Journal of business finance & accounting，43(1-2):226-259.

Baik B，Farber D B，Lee S，2011. CEO ability and management earnings forecasts[J]. Contemporary accounting research，28(5):1645-1668.

Baron R M，Kenny D A，1986. The moderator-mediator variable distinction in social psychological research：conceptual，strategic，and statistical considerations [J]. Journal of personality and social psychology，51(6): 1173-1182.

Barr R S，Siems T F，1997. Bank failure prediction using DEA to measure management quality[M]//Interfaces in computer science and operations research. Springer US.

Bebchuk L A，Fried J M，2006. Pay without performance：the unfulfilled promise of executive compensation[J]. Social science electronic publishing，59(4):975-979.

Bebchuk L，Grinstein Y，2005. Firm expansion and CEO pay[J]. SSRN e-lectronic journal，3(3):583-590.

Belloc F，2012. Corporate goverance and innovation：a survey[J]. Journal of economic surveys，26(5):835-864.

Benischke M H，Martin G P，Glaser L，2018. CEO equity risk bearing and strategic risk taking：the moderating effect of CEO personality[J]. Strategic management journal，40(1)：153-177.

Benmelech E，Kandel E，Veronesi P，2010. Stock-based compensation and CEO disincentives[J]. The quarterly journal of economics，125(4):1769-1820.

Bennedsen M，Gonzalez F P，Wolfenzon D，2010. The governance of family firms[M]//Corporate governance：a synthesis of theory，research，and practice. John Wiley & Sons，Inc.

Bentley K A，Omer T C，Sharp N Y，2013. Business strategy，financial reporting irregularities，and audit effort[J]. Contemporary accounting research，30(2)：780-817.

Bernile G，Bhagwat V，Rau P R，2017. What doesn't kill you will only make you more risk-loving：early-life disasters and CEO behavior[J]. The journal of finance，72(1)：167-206.

Bertrand M，Schoar A，2003. Managing with style：the effect of managers on firm policies[J]. The quarterly journal of economics，118(4):1169-1208.

Bhagat S，Bolton B，Romano R，2008. The promise and peril of corporate governance indices[J]. Columbia law review，108(8):1803-1882.

Biddle G C，Hilary G，2006. Accounting quality and firm-level capital investment[J]. Social science electronic publishing(5):963-982.

Black B，1992. Agents watching agents：the promise of institutional investor voice[J]. UCLA law review(39):811-892.

Bleck A, Liu X, 2007. Market transparency and the accounting regime [J]. Journal of accounting research(45):229-256.

Boholm A, 1998. Comparative studies of risk perception: a review of twenty years of research[J]. Journal of risk research(1):135-163.

Bonsall S B, Holzman E R, Miller B P, 2017. Managerial ability and credit risk assessment[J]. Management science, 63(5):1425-1449.

Bushee B J, 1998. The influence of institutional investors on myopic R&D investment behavior[J]. The accounting review, 73(3):305-333.

Callen J L, Fang X, 2013. Institutional investor stability and crash risk: monitoring versus short-termism? [J]. Journal of banking & finance, 37 (8):3047-3063.

Campbell R J, Jeong S, Scott D G, 2019. Born to take risk? The effect of CEO birth order on strategic risk taking[J]. Academy of management journal, 62(4): 1278-1306.

Chan K, Hameed A, 2006. Stock price synchronicity and analyst coverage in emerging markets[J]. Journal of financial economics, 80(1):115-147.

Chang Y Y, Dasgupta S, Hilary G, 2010. CEO ability, pay, and firm performance[J]. Management science, 56(10):1633-1652.

Chemmanur T J, 2010. Venture capital, private equity, IPOs, and banking: an introduction and agenda for future research[J]. Journal of economics & business, 62(6):471-476.

Chemmanur T J, Paeglis I, Simonyan K, 2009. Management quality, financial and investment policies, and asymmetric information[J]. Journal of financial & quantitative analysis, 44(5):1045-1079.

Chemmanur T, Paeglis I, 2005. Management quality, certification, and initial public offerings[J]. Journal of financial economics, 76(2):331-368.

Chen Y, Podolski E J, Veeraraghavan M, 2015. Does managerial ability facilitate corporate innovative success? [J]. Journal of empirical finance (34):313-326.

Ciftci M，Cready W M，2011. Scale effects of R&D as reflected in earnings and returns[J]. Journal of accounting and economics，52(1):62-80.

Clement M，Frankel R，Miller J，2003. Confirming management earnings forecasts，earnings uncertainty，and stock returns[J]. Journal of accounting research，41(4):653-679.

Coleman J S，1988. Social capital in the creation of human capital[J]. American journal of sociology，94:95-120.

Cooper A C，Woo C Y，Dunkelberg W C，2006. Entrepreneurs' perceived chances for success[J]. Journal of business venturing，3(2):97-108.

Cornaggia J，Mao Y F，Tian X，et al.，2015. Does banking competition affect innovation? [J]. Journal of financial economics，115(1):189-209.

Cornaggia K J，Krishnan G V，Wang C J，2017. Managerial ability and credit ratings[J]. Contemporary accounting research，34(4): 2094-2122.

Culver J，Burke W，Yasui Y，et al.，2001. Participation in breast cancer genetic counseling: the influence of educational level，ethnic background，and risk perception[J]. Journal of genetic counseling，10(3):215-231.

Daellenbach U S，Mccarthy A M，Schoenecker T S，2010. Commitment to innovation: the impact of top management team characteristics[J]. R&D management，29(3):199-208.

Darmadi S，2013. Board members' education and firm performance: evidence from a developing economy[J]. Social science electronic publishing，23(2):113-135.

David P，Gimeno H J，2001. The influence of activism by institutional investors on R&D[J]. The academy of management journal，44(1):144-157.

Dechow P M，Sloan R G，Sweeney A P，1995. Detecting earnings management[J]. Accounting review，70(2):193-225.

DeFond J，Hung M，2004. Investor protection and corporate governance: evidence from worldwide CEO turnover[J]. Journal of accounting research，42(2):269-312.

Demerjian P，Lev B，Mcvay S，2012. Quantifying managerial ability: a new measure and validity tests[J]. Management science，58(7):1229-1248.

Demerjian P，Lev B，Lewis M F，et al.，2013. Managerial ability and earnings quality[J]. The accounting review，88(2):463-498.

Demerjian P，Lewis-Western M，McVay S. 2020. How does intentional earnings smoothing vary with managerial ability? [J]. Journal of accounting, auditing & finance，35(2):406-437.

Dhaoui A，Jouini F，2010. R&D investment，corporate governance and management entrenchment (in French)[J]. SSRN electronic journal，81(7):1255-1258.

Ding R，Hou W，Kuo J M，et al.，2013. Fund ownership and stock price informativeness of chinese listed firms[J]. Journal of multinational financial management，23(3):166-185.

Edmans A，Gabaix X，Landier A，2009. A multiplicative model of optimal CEO incentives in market equilibrium[J]. Review of financial studies，22(12):4881-4917.

Eisenmann T R，2002. The effects of CEO equity ownership and firm diversification on risk taking[J]. Strategic management journal，23(6): 513-534.

Eun C S，Wang L，Xiao S C，2015. Culture and R^2[J]. Journal of fnancial economics，115(2):283-303.

Fama E F，Jensen M C，1983. Agency problems and residual claims[J]. The journal of law and economics，26(2):327-349.

Fazzari S M，Hubbard R G，Petersen B C，et al.，1988. Financing constraints and corporate investment[J]. Brookings papers on economic activity(1):141-206.

Fee C E，Hadlock C J，2003. Raids，rewards，and reputations in the market for managerial talent[J]. The review of financial studies，16(4):1315-1357.

Fernandes N, Ferreira M A, 2009. Insider trading laws and stock price informativeness[J]. Review of financial studies, 22(5):1845-1887.

Fishman M J, Hagerty K M, 2012. Disclosure decisions by firms and the competition for price efficiency[J]. Journal of finance, 44(3):633-646.

Francis B, Sun X, Wu Q, 2013. Managerial ability and tax avoidance [J]. SSRN electronic journal.

Francis J, Huang A H, Rajgopal S, et al., 2008. CEO reputation and earnings quality[J]. Contemporary accounting research, 25(1):109-147.

Ganguin B, Bilardello J, 2004. Standard and poor's fundamentals of corporate credit analysis[M]. McGraw-hill companies.

Gillan S L, Starks L T, 2000. Corporate governance proposals and shareholder activism: the role of institutional investors[J]. Journal of financial economics, 57(2):275-305.

Giroud X, Mueller H M, 2010. Does corporate governance matter in competitive industries? [J]. Social science electronic publishing, 95(3):312-331.

Greenwald B, 1984. Informational imperfections in the capital market and macro-economic fluctuations[J]. Social science electronic publishing, 74(2):194-199.

Gul F A, Kim J B, Qiu A A, 2010. Ownership concentration, foreign shareholding, audit quality, and stock price synchronicity: evidence from China [J]. Journal of financial economics, 95(3):425-442.

Hadlock C, Pierce J, 2010. New evidence on measuring financial constraints: moving beyond the KZ index[J]. Review of financial studies, 23(5): 1909-1940.

Hambrick D C, Mason P A, 1984. Upper echelons: the organization as a reflection of its top managers[J]. Academy of management review, 9(2): 193-206.

Hanlon M, Rajgopal S, Shevlin T, 2003. Are executive stock options associated with future earnings? [J]. Journal of accounting and economics, 36 (1):3-43.

Harford J, Schonlau R J, 2013. Does the director labor market offer expost settling-up for CEOs? The case of acquisitions[J]. Journal of financial economics(110):18-36.

Hayes A F, Scharkow M, 2013. The relative trustworthiness of inferential tests of the indirect effect in statistical mediation analysis: does method really matter? [J]. Psychological science, 24(10):1918-1927.

Hayes R, Schaefer S, 1999. How much are differences in managerial ability worth? [J]. Journal of accounting and economics, 27(2): 125-148.

Healy P M, Palepu K G, 2001. Information asymmetry, corporate disclosure, and the capital markets: a review of the empirical disclosure literature[J]. Journal of accounting and economics, 31(1-3):405-440.

Hirshleifer D, Low A, Teoh S H, 2012. Are overconfident CEOs better innovators? [J]. The journal of finance, 67(4):1457-1498.

Holmstrom B, 1989. Agency costs and innovation[J]. Journal of economic behavior & organization, 12(3):305-327.

Hutton A P, Marcus A J, Tehranian H, 2009. Opaque financial reports, R^2, and crash risk[J]. Journal of financial economics, 94(1):67-86.

Jensen M C, Meckling W H, 1976. Theory of the firm: managerial behavior, agency costs and ownership structure[J]. Social science electronic publishing, 3(4):305-360.

Jensen M, 1999. Agency costs of free cash flow, corporate finance, and takeovers[J]. American economic review, 76(2):323-329.

Jin L, Myers S C, 2006. R^2 around the world: new theory and new tests [J]. Journal of financial economics, 79(2):257-292.

Park J, Ko C Y, Jung H, et al., 2016. Managerial ability and tax avoidance: evidence from Korea[J]. Asia-Pacific journal of accounting & economics, 23(4):449-477.

Judd C M，Kenny D A，1981. Process analysis：estimating mediation in treatment evaluations[J]. Evaluation review，5(5)：602-619.

Kenneth Y，Chen C，2018. Managerial ability and firm risk-taking behavior [J]. Review of quantitative finance and accounting(51)：1005-1032.

Kim J B，Zhang H，Li L，et al.，2014. Press freedom，externally-generated transparency，and stock price informativeness：international evidence [J]. Journal of banking & finance，46：299-310.

Kim J B，Wang Z，Zhang L，2016. CEO overconfidence and stock price crash risk[J]. Contemporary accounting research，33：1720-1749.

Kish-Gephart J J，Campbell J T，2015. You don't forget your roots：the influence of CEO social class background on strategic risk taking[J]. Academy of management journal，58(6)：1614-1636.

Koester A，Shevlin T，Wangerin D，2017. The role of managerial ability in corporate tax avoidance[J]. Management science，63(10)：3285-3310.

Koyuncu B，Firfiray S，Claes B，et al.，2010. CEOs with a functional background in operations：reviewing their performance and prevalence in the top post[J]. Human resource management，49(5)：869-882.

Laporta R，Lopezdesilanes F，Shleifer A，et al.，2015. Law and finance[R]. Harvard institute of economic research working papers，106(6)：26-68.

Lazear E，2003. Output-based pay：incentives, retention or sorting? [J]. IZA Discussion papers，23(4)：1-25.

Lee C C，Wang C W，Chiu W C，et al.，2018. Managerial ability and corporate investment opportunity[J]. International review of financial analysis，57：65-76.

Lee P M，O'Neill H M，2003. Ownership structures and R&D investments of U.S. and Japanese firms：agency and stewardship perspectives[J]. The academy of management journal，46(2)：212-225.

Leverty J，Grace M，2012. Dupes or incompetents? An examination of management's impact on firm distress[J]. Journal of risk and insurance，

79(3)：751-783.

Li J T，Tang Y，2010. CEO hubris and firm risk taking in China：the moderating role of managerial discretion[J]. Academy of management journal，53(1)：45-68.

Li S，Brockman P，Zurbruegg R，2015. Cross-listing，firm-specific information，and corporate governance：evidence from Chinese a-shares and h-shares[J]. Journal of corporate finance，32：347-362.

Lin C，Lin P，Song F M，et al.，2011. Managerial incentives，CEO characteristics and corporate innovation in China private sector[J]. Journal of comparative economics，39(2)：176-190.

Ling X，2014. Governance-knowledge fit and strategic risk taking in supply chain digitization[J]. Decision support systems，62：54-65.

Lynall M D，Golden B R，Hillman A J，2003. Board composition from adolescence to maturity：a multitheoretic view[J]. Academy of management review，28(3)：416-431.

Maere J D，Jorissen A，Uhlaner L M，2014. Board capital and the downward spiral：antecedents of bankruptcy in a sample of unlisted firms[J]. Corporate governance an international review，22(5)：387-407.

Baker M，Litov L，Wachter J A，et al.，2010. Can mutual fund managers pick stocks? Evidence from their trades prior to earnings announcements [J]. Journal of financial and quantitative analysis，45(5)：1111-1131.

Malmendier U，Tate G，2005. CEO overconfidence and corporate investment[J]. Journal of finance，60(6)：2661-2700.

Malmendier U，Tate G，2008. Who makes acquisitions? CEO overconfidence and the market's reaction[J]. Journal of financial economics，89(1)：20-43.

Martin G P，Gomez-Mejia L R，Wiseman R M，2013. Executive stock options as mixed gambles：revisiting the behavioral agency model[J]. Academy of management journal，56(2)：451-472.

Matemilola B T，Noordin B A A，Ngah W A S W，et al.，2015. Unobservable effects and speed of adjustment to target capital structure[J]. International journal of business and society, 16(3):470-479.

Milbourn T T, 2003. CEO reputation and stock-based compensation[J]. Journal of financial economics, 68(2): 233-262.

Mishra D R, 2014. The dark side of CEO ability: CEO general managerial skills and cost of equity capital[J]. Journal of corporate finance(29):390-409.

Modigliani F, Miller M H, 1959. The cost of capital, corporation finance, and the theory of investment: reply[J]. American economic review, 49(4):655-669.

Morck R, Yeung B, Yu W, 2000. The information content of stock markets: why do emerging markets have synchronous stock price movements? [J]. Journal of financial economics 58(1-2):215-260.

Morgan A, Poulsen A, Wolf J, et al., 2011. Mutual funds as monitors: evidence from mutual fund voting[J]. Journal of corporate finance, 17(4): 914-928.

Murphy K J, 1999. Executive compensation[J]. Handbook of labor economics, 3(3):2485-2563.

Murthi B P S, Srinivasan K, Kalyanaram G, 1996. Controlling for observed and unobserved managerial skills in determining first-mover market share advantages[J]. Journal of marketing research, 33(3):329-336.

Myers S C, Majluf N S, 2001. Corporate financing and investment decisions when firms have information that investors do not have[J]. Social science electronic publishing, 13(2):187-221.

Nuthall P, 2001. Managerial ability—a review of its basis and potential improvement using psychological concepts[J]. Agricultural economics(24): 247-262.

Palmer T B, Wiseman R M, 1999. Decoupling risk taking from income stream uncertainty: a holistic model of risk[J]. Strategic management journal, 20(11): 1037-1062.

Pawlina G, Renneboog L, 2005. Is investment-cash flow sensitivity caused by the agency costs or asymmetric information? Evidence from the UK [J]. European financial management, 11(4):483-513.

Peters R H, Taylor L A, 2017. Intangible capital and the investment-q relation [J]. Social science electronic publishing, 123(2):251-272.

Peterson K, Schmardebeck R, Wilks ⌐ J, 2015. The earnings quality and information processing effects of accounting consistency[J]. The accounting review, 90(6):2483-2514.

Piotroski J D, Roulstone D T, 2004. The influence of analysts, institutional investors, and insiders on the incorporation of market, industry, and firm-specific information into stock prices[J]. The accounting review, 79 (4): 1119-1151.

Policy R, 2002. Understanding moody's corporate bond ratings and rating process[R]. Working paper, Moody's Investors Service.

Rajgopal S, Shevlin T J, Zamora V, 2006. CEOs' outside employment opportunities and the lack of relative performance evaluation in compensation contracts[J]. The journal of finance, 61(4):1813-1844.

Richard O C, Shelor R M, 2002. Linking top management team age heterogeneity to firm performance: juxtaposing two mid-range theories[J]. International journal of human resource management, 13(6):958-974.

Richardson S, 2006. Over-investment of free cash flow[J]. Review of accounting studies, 11(2):159-189.

Roll R, 1986. The hubris hypothesis of corporate takeovers[J]. The Journal of business, 59(2):197-216.

Rosen S, 1990. Contracts and the market for executives[R]. NBER working papers, 3542.

Ruggles S, Brower S, 2010. Measurement of household and family composition in the United States, 1850-2000[J]. Population & development review，29(1):73-101.

Ruiz-Mallorqui M V，Santana-Martin D J，2011. Dominant institutional owners and firm value[J]. Journal of banking & finance，35(1):118-129.

Ryan L V，Schneider M，2002. The antecedents of institutional investor activism[J]. Academy of management review，27(4):554-573.

Saidu S，2019. CEO characteristics and firm performance: focus on origin，education and ownership[J]. Journal of global entrepreneurship research，9(1):1-15.

Saini A，Martin K D，2009. Strategic risk-taking propensity: the role of ethical climate and marketing output control[J]. Journal of business ethics，90(4): 593-606.

Shleifer A，Vishny R W，1986. Large shareholders and corporate control [J]. Scholarly articles，94(3):461-488.

Shleifer A，Vishny R W，1989. Management entrenchment: the case of manager-specific investments[J]. Journal of financial economics，25(1): 123-139.

Shleifer A，Vishny R W，1994. Politicians and firms[J]. Quarterly journal of economics，109(4):995-1025.

Simon M，Susan H，2003. The relationship between overconfidence and the introduction of risky products:evidence from a field study[J]. Academy of management journal，46(2): 139-149.

Smith C W，Watts R L，1992. The investment opportunity set and corporate financing, dividend, and compensation policies[J]. Journal of financial economics，32(3):263-292.

Stein J C，2001. Agency, information and corporate investment[J]. Social science electronic publishing，1(3):111-165.

Stiglitz J E，Weiss A，1981. Credit rationing in markets with imperfect information[J]. American economic review，71(3):393-410.

Stulz R，1990. Managerial discretion and optimal financing policies[J]. Journal of financial economics, 26(1):3-27.

Tervi M, 2009. Superstars and mediocrities: market failure in the discovery of talent[J]. Review of economic studies, 76(2):829-850.

Trueman B, 1986. Why do managers voluntarily release earnings forecasts? [J]. Journal of accounting and economics, 8(1):53-71.

Tylecote A, Cho Y D, Zhang W, 1998. National technological styles explained in terms of stakeholding patterns, enfranchisement and cultural differences: Britain and Japan[J]. Technology analysis and strategic management, 10(4):423-436.

Valentini P P, 2012. Natural interface in augmented reality interactive simulations [J]. Virtual & physical prototyping, 7(2):137-151.

Verdi R S, 2005. Information environment and the cost of equity capital [J]. SSRN electronic journal:1-200.

Vo L V, Le H T T, 2017. Strategic growth option, uncertainty, and R&D investment[J]. International review of financial analysis, 51: 16-24.

Wurgler J, 2000. Financial markets and the allocation of capital[J].Journal of financial economics, 58(1-2):187-214.

Xu N, Chan K C, Jiang X, et al., 2013. Do star analysts know more firm-specific information? Evidence from China[J]. Journal of banking & finance, 37(1):89-102.

Yoon H, Zo H, Ciganek A P, 2011. Does XBRL adoption reduce information asymmetry? [J]. Journal of business research, 64(2):157-163.

Zhao X, Lynch J G, Chen Q, 2010. Reconsidering Baron and Kenny: myths and truths about mediation analysis[J]. Journal of consumer research, 37 (2):197-206.

Zhong R, 2018. Transparency and firm innovation[J]. Journal of accounting and economics,66(1):67-93.

Zwiebel J, 1996. Dynamic capital structure under managerial entrenchment[J]. American economic review, 86(5):1197-1215.